我的签名：＿＿＿＿＿＿＿

品味经典 享受阅读

论语通解

LUNYUTONGJIE

王显才/主编

吉林大学出版社

图书在版编目（CIP）数据

论语通解/王显才主编．—长春：吉林大学出
版社，2010.6
（语文新课标必读丛书/黄宝国，王显才等主编）
ISBN 978-7-5601-5921-8

Ⅰ.①论⋯　Ⅱ.①王⋯　Ⅲ.①儒家 ②论语—青少年
读物　Ⅳ.①B222.2—49

中国版本图书馆 CIP 数据核字（2010）第 100861 号

书　　　名：论语通解

作　　　者：王显才
责任编辑：李国宏
责任校对：马宁徽
封面设计：终端工作室
内文插图：长春三维鱼科技
出版发行：吉林大学出版社
社　　　址：长春市明德路 501 号
邮　　　编：130021　　发行部电话：0431—89580026/28/29
网　　　址：http：//www.jlup.com.cn　E-mail：jlup@mail.jlu.edu.cn
印　　　刷：香河利华文化发展有限公司
开　　　本：170mm×240mm　1/16
印　　　张：11.5
字　　　数：210 千字
版　　　次：2010 年 6 月　第 1 版
印　　　次：2018 年 3 月　第 9 次印刷
书　　　号：ISBN 978-7-5601-5921-8
定　　　价：15.90 元

前 言

　　在祖国日益繁荣昌盛的今天,物质文明建设和精神文明建设正齐头猛进,人们在追求物质财富的同时,也在渴求精神生活的丰富多彩。文学名著作为人类非物质文化遗产的一个重要组成部分,对世界各国文化的交流、传承起着不可低估的桥梁作用。尤其对于当代的中小学生,广泛阅读中外经典文学名著既可丰富自己的文化生活和知识储备,还可增进对世界各国不同民族文化背景、风俗习惯的了解,进而增长智慧、提升素养、陶冶性情。

　　教育部制定的《全日制义务教育语文课程标准》和《普通高中语文课程标准》的基本精神,也是要培养新一代公民,使他们具备良好的人文素养和科学素养,拥有创新精神、合作精神和开阔的视野,提升包括阅读理解与表达交流在内的多方面的基本能力。并对中学生语文课外阅读做了相当明确的规定,并指定和推荐了具体的课外阅读书目。

　　在对这些图书进行了市场综合考察以及对家长和教师进行调研之后,我们发现,只有将阅读和写作以及语文知识的积累结合起来,才能真正达到既能应付学生的考试需要,同时又能提高学生整体语文素养的目的。为了有效实现以上目标,我们特别邀请了国内教育界权威专家和众多中小学语文特级教师,严格遵循"新课标"精神编写了本套《语文新课标必读丛书》,奉献给广大中小学生读者。本套丛书体例设置科学实用,既有"走近作者"、"背景搜索"、"内容梗概"、"阅读导航"、"特色人物"等提纲挈领、高屋建瓴式的阅读指南,又有针对名著内容含英咀华、条分缕析式的评点批注,还有对作品思想内容、谋篇布局、艺术特色的综合鉴赏、深度分析,更有从应试的角度专门设置的考试真题和最新模拟试题供学生练习,以达到巩固阅读效果的目的。

　　总而言之,本套《语文新课标必读丛书》所选篇目经典,版本权威,体例科学,栏目精彩,我们有理由相信,它一定能够成为中小学生朋友的良师益友,成为中小学生家庭的必备藏书。

编 者

阅读指南

走近作者

孔子是中国历史上伟大的思想家和教育家。 古时候，孔子被尊奉为"至圣先师"，皇帝每年要到孔庙祭拜他。 在学堂里挂着孔子的画像或设孔子的牌位，孩子们入学的第一件事，就是向孔子磕头行礼。

孔子（公元前551—公元前479），因他刚出生时头顶是凹下去的，所以就给他取名叫丘，字仲尼。 鲁国陬邑（今山东曲阜东南）人。 他的祖先是宋国贵族，因遭家难，迁居鲁国。 孔子三岁时死了父亲，17岁又失去了母亲，家境贫困，没有机会受正规教育，全靠读书自修。 他自幼好学，拜许多人为师，所以精通礼仪、音乐、射箭、驾车、计算等本领。

孔子一生，政治上不得志。 年轻时，曾做过管仓库、管牛羊的小官。 五十多岁才当了鲁国的司寇。 但不久，因为政治见解不合，一气之下离开了鲁国，带着一些学生周游列国，四处游说。 但他的政治主张在鲁国行不通，到齐国也碰了壁，到陈、蔡小国更不必说。 在卫国住了一段时间后，六十多岁又回到了鲁国，埋头讲学和整理古书。

孔子思想的核心是仁爱，要求统治者爱惜民力，不能过分剥削压迫民众。他还主张严格遵守"礼"的规定。 这"礼"就是周朝制定用来区分君臣上下、父子尊卑的等级的典章制度。 他的思想，自汉以后，成为两千年封建文化的正统，影响极大。

孔子是中国古代最伟大的教育家。 他首创私人讲学的风气，一改过去只有贵族子弟才能上学的局面。 孔子的学生相传有三千人，其中最著名的有七十二人。 孔子的学生多数出身贫贱，年龄参差不齐。 做孔子的学生，学费低廉，只需十条肉干。 孔子向贫贱的下层传播文化，并且教育学生勤学思考，温故知新；他提倡教学相长，因材施教，诱导启发的教育方法。 他的教育思想和教育方法，到今天还值得学习和参考。

孔子的另一大贡献是整理编订古代文化典籍。 孔子之前有不少文献，他一面学习，一面加以整理，同时向弟子传授，经他整理的典籍有《尚书》（上古历史文献汇编）、《诗经》（我国最早的诗歌总集）、《周易》（古代算卦用书）等。 他还根据鲁国的史料，编撰了一部编年史，这就是被后世称为五经之一的《春秋》，开创了私人修撰历史（最初史书由史官撰写，即所谓官修）的先河。

🖊 背景搜索

《论语》一书是由孔子弟子及再传弟子编撰而成，成书约在战国时期。《论语》的"论"是编排的意思，"语"是语言的意思，"论语"就是把孔子师生的言谈记录下来的意思。 全书共有20篇，每篇由数量不等的语段组成，一段话为一章，全书共有492章，约13000多字。

《论语》作为记载中国古代伟大思想家孔子及其门人言行的书，内容丰富，思想精要而言简意赅，涉及人类社会生活中立身行事，如何处理人与人之间、个人与社会之间的关系，学习与成就君子人格的关系等诸多方面的问题。 两千多年以来，对中华民族的心理素质和精神面貌有深远影响，五四运动以后，仍然是传统文化的代表著作，在世界范围内受到重视。 近年来，《论语》被公认为是素质教育的首选教材。

🖊 阅读导航

博大的智慧，精妙的语言
——《论语通解》导读

"仁"，是孔子全部思想的核心。 它既是孔子理想中最高的政治原则，又是最高的道德准则。 孔子说的"仁"其意义非常宽泛，它包括了忠、恕、孝、悌、智、勇、恭、宽、信、敏、惠等道德观念，但其最基本的内涵有两个：

"克己复礼为仁"。 即克服不符合周礼的行为。 他十分不满意当时社会的混乱局面，谴责社会生活中各种违礼的行为。 为了维护周礼，孔子提出"正名"的主张，要求一个人的言行必须与其身份地位相符。 孔子认为一个人如果视、听、言、行都能符合"礼"的规定，也就实现了"克己复礼"，体现了"仁"。

"仁者爱人"。 这是说在处理人际关系时，应该彼此有爱心。 爱心就是推己及人，即你希望别人怎样对待自己，自己就应该怎样对待别人，将心比心。 也就是说，孔子是主张人与人之间要互相尊重、信任和同情，谁能做到这一点，就是做到了"仁"。

"克己复礼"是一个人的道德修养，是基础和前提；"爱人"是人际关系的基本准则。 孔子认为，要做到"仁"是很不容易的，必须做艰苦的努力，时刻不断寻求才能获得，甚至需要自我牺牲精神。 那些只会说漂亮话、装模作样的人是很少能做到"仁"的。 "仁"的思想是孔子的创新，是他对中国传统文化最大的贡献。

"仁"和"礼"是孔子思想体系的两大支柱，二者相辅相成。 "礼"是外在的行为规范，"仁"是内在的道德自觉。 一方面，有了公认的行为规范，社会生活才能具有秩序，如果否认了"礼"对个人行为的约束，人人各行其是，必然会造成混乱。 另一方面，有了内心的道德自觉，才能使"礼"所规定的行为准则具有内在的道德力量，与人的人格、生命联系在一起，才能使人们自觉地遵守"礼"。

孔子不仅是伟大的思想家，而且是伟大的教育家。 孔子主张"有教无类"，即主张无论社会地位高低贵贱，每个人都应有受教育的机会。 在孔子之前，学校是官办的，平民百姓没有受教育的权利。 孔子打破了陈规，第一次创办了私学。 在有生之年，他从来没有停止过教育平民化的努力。 他收的学费很低，只要十条干肉，这是普通人家能够承担的费用，所以，他的学生便从鲁、卫、齐、宋、秦、楚、吴等国源源不断地涌来。 据考察，孔子门下有"弟子三千，贤人七十"，但除了南宫敬叔和司马牛之外，其余的学生都出身贫寒。 由于他的努力，在他身后，教育平民化达到了相当高的水准，使大批受过私学教育的人进入了上流社会，从而动摇了上流社会的世袭制度，也为后来战国时代的"百家争鸣"奠定了基础。

"有教无类"是孔子教育思想的重要内容，也是他一生教育实践的总结。由于孔子在中国教育史、文化史上的伟大贡献，千百年来他才被人们尊崇为"至圣先师"。 孔子教育的目的是使学生成为德才兼备的君子。 在德、才二者之间，孔子更重视德；在实践与知识二者之间，孔子更重视实践。 孔子的教学方法最成功的是因材施教和启发诱导这两个方面，教学要针对各个学生的不同特点进行教育，提倡启发式教学，要求学生独立思考问题，善于触类旁通，强调学生在学习上的主动性和积极性。

《论语》以当时明白晓畅的口头语言为主，来描述孔子的思想和品格，记述孔子及其弟子的言论和行为，语言非常简洁。 其中篇幅相对较长的，也只有二百多字，短小精悍，反映了记录者和编撰者深厚的文字功底。 《论语》还特别擅长用语言来表现人物个性。《论语》不是小说，也不是人物传记，以记言为主，叙事为辅，但《论语》中人物的形象却很鲜明。孔子本人和蔼可亲的神态、诲人不倦的精神、知其不可为而为之的执著，都呼之欲出。孔子的几大弟子，如颜回的虚心虔诚，子贡的智慧巧妙，子路的冒失莽撞，语言风格无不与其精神气质相合。

《论语》善用多种修辞手法和表现手法来记载孔子的言行，宣传孔子的思想和主张。比较常用的有比喻、对比、对偶、排比、层递等。这就比单纯空洞的说教更生动、更形象，容易为人所理解并接受。

后世学者尤其是宋明理学家把《论语》抽象化、教条化，让人无端对孔子心生疏远敬畏之情。其实《论语》中的孔子并不是一个终日板着面孔训人的道学先生，恰恰相反，他既是一位严师，又是一位慈祥的长者，对自己的学生和周围的人充满了爱心。

《论语》中有许多语句因其高超的语言艺术和广博深邃的思想内容，而成为后世广为传诵的格言警句，有些则成为今天人们所熟知的成语，为现代白话文所吸收。如"言必行，行必果"、"人无远虑，必有近忧"、"不耻下问"、"三思而后行"、"温故而知新"等。《论语》不仅是中国思想史、文学史上的宝贵财富，而且也是世界思想史、文学史上的不朽名著。孔子的思想已经成为全人类的精神遗产之一。

目 录

学而篇第一

◆文题背景◆

《学而》篇包括16章,内容涉及诸多方面。其中重点是"吾日三省吾身";"节用而爱人,使民以时";"礼之用,和为贵"以及仁、孝、信等道德范畴。

子曰①:"学而时习之,不亦说乎②!有朋自远方来,不亦乐乎!人不知而不愠③,不亦君子乎!"

◆要点注释◆

①子:古代指有学问、有道德修养的男人。这里是尊称孔子。 ②说(yuè月):同"悦",高兴,喜悦。 ③愠(yùn运):怨恨,恼怒。

◆参考译文◆

孔子说:"学习了而时常温习,不也是高兴的吗! 有朋友从远方来,不也是快乐的吗! 别人不了解我,我并不怨恨,不也是道德修养高的人吗!"

◆精彩评点◆

宋代著名学者朱熹对此章评价极高,说它是"入道之门,积德之基"。本章提出以学习为乐事,做到人不知而不愠,反映出孔子学而不厌、诲人不倦、注重修养、严格要求自己的主张。这些思想主张在《论语》书中多处可见,有助于对第一章内容的深入了解。

有子曰①:"其为人也孝弟②,而好犯上者,鲜矣③;不好犯上,而好作乱者,未之有也。君子务本,本立而道生。孝弟也者,其为仁之本与④。"

◆要点注释◆

①有子:鲁国人,姓有,名若,字子有。孔子的弟子。比孔子小三十三岁,生于公元前518年,卒年不详。另说,比孔子小十三岁。后世,有若的弟子也尊称有若为"子",故称"有子"。 ②弟(tì替):同"悌"。弟弟顺从兄长,称"悌"。 ③鲜:少。 ④与:同"欤"。语气词。

参考译文

　　有子说："做人，孝顺父母，尊敬兄长，而喜好冒犯长辈和上级的，是很少见的；不喜好冒犯长辈和上级，而喜好造反作乱的人，是没有的。君子要致力于根本，根本确立了，治国、做人的原则就产生了。所谓'孝''悌'，可为'仁'的根本吧。"

精彩评点

　　这里所提的孝悌是仁的根本，对于读者理解孔子以仁为核心的哲学、伦理思想非常重要。在春秋时代，周天子实行嫡长子继承制，其余庶子则分封为诸侯，诸侯以下也是如此。整个社会从天子、诸侯到大夫这样一种政治结构，其基础是封建的宗法血缘关系，而孝、悌说正反映了当时宗法制社会的道德要求。

　　子曰："巧言令色①，鲜矣仁。"

要点注释

　　①令色：面色和善。这里指以恭维的态度讨好别人。

参考译文

　　孔子说："花言巧语，一副和气善良的脸色，这种人是很少有仁德的。"

　　曾子曰①："吾日三省吾身②：为人谋而不忠乎？与朋友交而不信乎？传不习乎③？"

要点注释

　　①曾（zēng 增）子：姓曾，名参（shēn 身），字子舆。曾皙之子。鲁国南武城（在今山东省枣庄市附近）人。孔子的弟子。比孔子小四十六岁，生于公元前505年，卒于公元前435年。其弟子也尊称曾参为"子"。　②三省（xǐng 醒）：多次检查反省自己。古代"三"、"九"等字，一般表示次数多，不是实指。③传：老师传授的知识、学问。孔子教学，有"六艺"：礼、乐、射、御、书、数。

参考译文

　　曾子说："我每天多次检查反省自己：为别人办事，是否尽心尽力呢？和朋友交往，是否真诚讲信用呢？对老师所传授的知识，是否复习了呢？"

精彩评点

在本章中，曾子还提出了"忠"和"信"的范畴。忠的特点是一个"尽"字，办事尽力，死而后已。如后来儒家所说的那样，"尽己之谓忠"。"为人谋而不忠乎，是泛指对一切人，并非专指君主。就是指对包括君主在内的所有人，都尽力帮助。因此，"忠"在先秦是一般的道德范畴，不只用于君臣关系。至于汉代以后逐渐将"忠"字演化为"忠君"，这既与儒家的忠有关联，又有重要的区别。"信"的含义有二，一是信任、二是信用。其内容是诚实不欺，用来处理上下等级和朋友之间的关系，信特别与言论有关，表示说真话，说话算数。这是一个人立身处世的基石。

子曰："道千乘之国①，敬事而信，节用而爱人②，使民以时。"

要点注释

①道：同"导"。领导，治理。乘（shèng 胜）：古代称四匹马拉的一辆车为"一乘"。古代军队使用兵车，每辆兵车用四匹马拉，车上有身着盔甲的士兵三人，车下跟随步兵七十二人，另有相应的后勤人员二十五人，因此，所谓"一乘"的实际兵力就是一百人，并非单指四匹马拉一辆车。周制天子地方千里，出兵车万乘；诸侯地方百里，出兵车千乘。"千乘之之国"指代诸侯国。　②用：资财。

参考译文

孔子说："治理一个实力雄厚的诸侯国，要严肃慎重、专心认真办理国家的政事，又严守信用；节约财物，又爱护官吏；役使百姓要在农闲时间。"

子曰："弟子，入则孝，出则弟①，谨而信，泛爱众，而亲仁。行有余力，则以学文。"

要点注释

①出：外出，出门。一说，离开自己住的房屋。　弟：同"悌"。尊敬兄长。②文：指古代文献，即文化知识。

参考译文

孔子说："孩子们，在家要孝顺父母，出门要尊敬兄长；言行谨慎信实，博爱众人，亲近有仁德的人。这样做了还有余力，就要用来学习各种文化知识。"

精彩评点

本篇第二章中曾提到孝悌的问题,本章再次提及这个问题。孔子要求弟子们首先要致力于孝悌、谨信、爱众、亲仁,培养良好的道德观念和道德行为,如果还有闲暇时间和余力,则用以学习古代典籍,增长文化知识。这表明,孔子的教育是以道德教育为中心,重在培养学生的德行修养,而对于书本知识的学习,则摆在第二位。孔子办教育,把培养学生的道德观念放在第一位,而文化学习只是第二位的。事实上,历史上的任何阶级,无论奴隶主阶级、地主阶级,还是资产阶级,教育都是为其政治服务的,尤其重视学生的道德品行和政治表现,把"德"排在"识"的前面,这是阶级的需要。他们就是要培养适应本阶级要求的各方面人才。

子夏曰①:"贤贤易色②;事父母③,能竭其力;事君,能致其身④;与朋友交,言而有信。虽曰未学,吾必谓之学矣。"

要点注释

①**子夏**:姓卜,名商,字子夏。孔子的弟子。比孔子小四十四岁,生于公元前507年,卒年不详。 ②**贤贤**:第一个"贤"字做动词用,以为贤表示敬重,尊崇;第二个"贤"是名词,即"圣贤"的"贤",指有道德有学问的高尚的人。 **易**:轻视,不看重。一说,"易"释为"移",移好色之心而好贤德。 ③**事**:动词,侍奉的意思。 ④**致**:做出奉献。

参考译文

子夏说:"一个人能好人之贤德胜过其好色之心;侍奉父母,能尽力而为;侍奉君主,能有献身精神;和朋友交往,说话诚实讲信用。 这样的人即使他说没读过诗书,我也一定要说他是读过诗书了。"

子曰:"君子不重,则不威,学则不固①。主忠信。无友不如己者②。过则勿惮改③。"

要点注释

①**固**:巩固,牢固。一说,固执,闭塞不通。 ②**无**:同"毋"。不要。 **友**:做动词用。交朋友。 ③**过**:错误,过失。 **惮**(dàn旦):怕。

参考译文

孔子说:"君子举止不庄重,就没有威严,态度不庄重,学习的知识学问就不巩固。 做人主要讲求忠诚，守信用。 不要同不如自己的人交朋友。
如果有了过错，就不要害怕改正。"

曾子曰："慎终①，追远②，民德归厚矣。"

要点注释

①终：寿终，指父母去世。此指丧礼。 ②远：远祖，祖先。

参考译文

曾子说："要谨慎地办理好丧事，虔诚地追祭祖先，这样做了，社会的
道德风尚就会日趋淳厚。"

子禽问于子贡曰①："夫子至于是邦也②，必闻其政，求之与，抑与之与③?"子
贡曰："夫子温、良、恭、俭、让以得之。夫子之求之也，其诸异乎人之求之与④?"

要点注释

①**子禽**：姓陈，名亢(kàng 抗)，字子禽。一说，即原亢。陈国人。孔子的弟
子(一说，不是孔子的弟子)。 **子贡**：姓端木，名赐，字子贡。卫国人。孔子的
弟子。比孔子小三十一岁，生于公元前520年，卒年不详。 ②**夫子**：孔子的弟
子敬称孔子。古代凡做过大夫官职的人，可称"夫子"(孔子曾任鲁国司寇)。
邦：诸侯国。 ③**抑与之与**："抑"，连词，表示选择，"还是……"。"与之"，给
他。最后的"与"，同"欤"，语气词。 ④**其诸**：表示推测的语气词，相当于"大
概"。

参考译文

子禽问子贡问道："我们老师每到一个诸侯国，一定会了解那一国的政
事，是他自己有心求人告诉他的呢，还是别人主动告诉他的呢?"子贡说：
"老师是靠温和、善良、恭敬、俭朴、谦让的态度来了解政事的。 老师这种
求得的方法，大概与别人求得的方法不相同吧?"

子曰："父在，观其志;父没，观其行，三年无改于父之道①，可谓孝矣。"

要点注释

①**三年**：按照周礼的规定，父亲死后，儿子要守孝三年。这里也可指一段较
长的时间，或多年以后。

参考译文

孔子说："看一个人，当他父亲在世的时候，要看他的志向；父亲死后，要看一看他的行为，如果三年都不改变他父亲生前所奉行的行为准则、道德规范，那么这样的人可以说是做到了孝。"

有子曰："礼之用①，和为贵。先王之道②，斯为美。小大由之，有所不行。知和而和，不以礼节之③，亦不可行也。"

要点注释

①礼：指周礼。周代先王留下的仪礼制度。 ②先王：指周文王等古代的圣明君主。 ③节：节制，约束。

参考译文

有子说："礼的应用，以遇事做到恰到好处为最可贵。 古代圣明君主治理国家的方法，可贵之处就在于此。 无论小事大事，都依着这个原则。 如果有的地方行不通，只知道为了求得恰当而一味地求恰当，不用礼法来调节和约束，那也是不可以的。"

有子曰："信近①于义②，言可复也③。恭近于礼，远耻辱也④。因不失其亲⑤，亦可宗也⑥。"

要点注释

①近：符合，接近。 ②义：合理的，有道理的，符合于周礼的。 ③复：实践，实行。 ④远：避免，免去。 ⑤因：依靠，凭借。 ⑥宗：尊奉，尊崇，可靠。

参考译文

有子说："所守的约言，要符合于义，说的话就能去兑现。 对别人恭敬，要符合于礼，这样做，就能避免遭受耻辱。 依靠关系深的人，也就可靠了。"

子曰："君子食无求饱，居无求安，敏于事而慎于言，就有道而正焉①，可谓好学也已。"

要点注释

①就：靠近，接近。

参考译文

孔子说:"君子吃饭不追求饱足,居住不追求享受安逸,做事勤快敏捷,说话小心谨慎,向有道德的人看齐,时时改正自己的缺点错误,这样做,就可以说是一个好学的人了。"

子贡曰:"贫而无谄,富而无骄,何如?"子曰:"可也,未若贫而乐,富而好礼者也。"

子贡曰:"《诗》云:'如切如磋,如琢如磨。'①其斯之谓与?"子曰:"赐也,始可与言《诗》已矣,告诸往而知来者②。"

要点注释

①"如切"句:出自《诗经·卫风·淇奥》篇。"切",古代把骨头加工成器物,叫切。"磋(cuō 搓)",把象牙加工成器物。"琢(zhuó 浊)",雕刻玉石,做成器物。"磨",把石头加工成器物。 ②"告诸"句:"诸","之于"的合音。"往",已发生的事,已知的事。"来",尚未发生的事,未知的事。这里孔子是夸子贡能举一反三。

参考译文

子贡说:"贫穷而不去巴结奉承,富裕而不骄傲自大,这种人怎么样呢?"孔子说:"也算可以了,但是,还不如贫穷仍然快快乐乐,富裕而崇尚礼义的人。"

子贡说:"《诗经》说:'要像加工骨头、牛角、象牙、玉石一样,经过切磋琢磨才能成为精美的器物。'大概讲的是这个意思吧?"孔子说:"端木赐呀,我可以开始同你谈论《诗经》了。 告诉你已经发生的事,你就可以知道未来的事。"

子曰:"不患人之不己知①,患不知人也。"

要点注释

①不己知:"不知己"的倒装句。"知",了解,理解。

参考译文

孔子说:"不怕别人不了解自己,怕的是自己不了解别人。"

为政篇第二

文题背景

《为政》篇包括24章。本篇主要内容涉及孔子"为政以德"的思想、如何谋求官职和从政为官的基本原则、学习与思考的关系、孔子本人学习和修养的过程、温故而知新的学习方法，以及对孝、悌等道德范畴的进一步阐述。

子曰："为政以德，譬如北辰①，居其所而众星共之②。"

要点注释

①**北辰**：北极星。距地球约782光年。由于太远，从地球上看它似乎不动，实际仍在高速运转。 ②**共**：同"拱"。环绕。

参考译文

孔子说："国君治理国家，用道德教化来推行政治，就像北极星一样，泰然处在自己的位置上，而群星都环绕在它的周围。"

精彩评点

这段话代表了孔子的"为政以德"的思想，意思是说，统治者如果实行德治，群臣百姓就会自动围着你转。这是强调道德对政治生活的决定作用，主张以道德教化为治国的原则。这是孔子学说中较有价值的部分，表明儒家治国的基本原则是德治，而非严刑峻法。

子曰："《诗》三百，一言以蔽之①，曰：'思无邪②'。"

要点注释

①**蔽(bì 毕)**：概括，包盖。 ②**思无邪**：原出《诗经·鲁颂·駉》篇。孔子借用这句话来评论《诗经》。

参考译文

孔子说："《诗经》三百零五篇，用一句话来概括它的全部内容，可以说是：'思想纯正，没有邪恶的东西。'"

精彩评点

孔子时代，可供学生阅读的书还不是很多，《诗经》经过孔子的整理加工以后，被用作教材。孔子对《诗经》有深入的研究，所以他用"思无邪"来概括它。《论语》中解释《诗经》的话，都是按照"思无邪"这个原则而提出的。

子曰："道之以政①，齐之以刑②，民免而无耻③；道之以德，齐之以礼，有耻且格④。"

要点注释

①道：同"导"。治理，引导。　②齐：整治，约束，统一。　③免：避免，指避免犯错误。　**无耻**：做了坏事，心里不知羞耻；没有（或缺乏）羞耻之心。④格：正，纠正。

参考译文

孔子说："用行政命令来治理百姓，用刑法来约束他们，百姓虽然能避免犯罪，但还不是从心里知道犯罪是可耻的；用道德来教化百姓，用礼来约束他们，人民就会有羞耻之心，而且会自觉地改过。"

精彩评点

在本章中，孔子举出两种截然不同的治国方针。孔子认为，刑罚只能使人避免犯罪，不能使人懂得犯罪可耻的道理，而道德教化比刑罚要高明得多，既能使百姓循规蹈矩，又能使百姓有知耻之心。这反映了道德在治理国家时有不同于法制的特点。但也应指出：孔子的"为政以德"思想，重视道德是应该的，但却忽视了刑罚在治理国家中的作用。

子曰："吾十有五而志于学①，三十而立，四十而不惑，五十而知天命②，六十而耳顺，七十而从心所欲③，不逾矩。"

要点注释

①有：同"又"。表示相加。"十有五"，即十加五，十五岁。　②天命：这里的"天命"含有上天的意旨、自然的禀赋与天性、人生的道义和职责等多重含义。

③从（zòng 纵）：随。

参考译文

孔子说："我十五岁时开始立志做学问；三十岁时说话办事都有把握；

四十岁时遇事就不迷惑；五十岁时懂得了什么是天命；六十岁时凡听到的都能辨别是非；到了七十岁时才能达到随心所欲，想怎么做便怎么做，也不会超出规矩。"

精彩评点

在本章里，孔子自述了他学习和修养的过程。这一过程，是一个随着年龄的增长，思想境界逐步提高的过程。就思想境界来讲，整个过程分为三个阶段：十五岁到四十岁是学习领会的阶段；五十、六十岁是安身立命的阶段，也就是不受环境左右的阶段；七十岁是主观意识和做人的规则融合为一的阶段。在这个阶段中，道德修养达到了最高的境界。孔子的道德修养过程，有合理因素：第一，他看到了人的道德修养不是一朝一夕的事，不能一下子完成，不能搞突击，要经过长时间的学习和锻炼，要有一个循序渐进的过程。第二，道德的最高境界是思想和言行的融合，自觉地遵守道德规范，而不是勉强去做。这两点对任何人，都是适用的。

孟懿子问孝①，子曰："无违。"樊迟御②，子告之曰："孟孙问孝于我，我对曰：'无违。'"樊迟曰："何谓也?"子曰："生，事之以礼；死，葬之以礼，祭之以礼。"

要点注释

①**孟懿(yì 意)子**：姓仲孙，亦即孟孙，名何忌，"懿"是谥号。鲁国大夫。与叔孙氏、季孙氏共同把执鲁国朝政。他的父亲孟僖子临终时嘱咐他要向孔子学礼。 ②**樊(fán 凡)迟**：姓樊，名须，字子迟。孔子的弟子。曾与冉(rǎn 染)求一起为季康子做事。生于公元前515年，卒年不详，比孔子小三十六岁。 **御**：赶车，驾车。

参考译文

孟懿子问怎样做是孝，孔子说："不违背周礼。"樊迟为孔子赶马车，孔子对他说："孟孙氏问我怎样做是孝，我回答他：'不违背周礼。'"樊迟说："是什么意思呢?"孔子说："父母在世时，按周礼侍奉他们；去世了，要按周礼为他们办丧事，按周礼祭祀他们。"

精彩评点

孔子极其重视孝，要求人们对自己的父母尽孝道，无论他们在世或去世，都应如此。但这里着重讲的是，尽孝时不应违背礼的规定，否则就不是真正的孝。可见，孝不是空泛的、随意的，必须受礼的规定，依礼而行就是孝。

孟武伯问孝①。子曰:"父母,唯其疾之忧②。"

要点注释

①**孟武伯**:姓仲孙,"名彘(zhì 志)。是前一章提到的孟懿子的儿子。"武"是谥号。 ②**其**:代词,指父母。此句意思是:唯忧父母疾。一说,"其",指子女。"疾",指品德行为上的毛病。意思是:父母唯忧其疾。做父母的就是担心子女的品行不好。所以,孝顺父母,就要自己品德好,不要使父母担忧。另说,"其"指子女,"疾"指疾病。"言父母爱子之心,无所不至,唯恐其有疾病,常以为忧也。人子体此,而以父母之心为心,则凡所以守其身者,自不容于不谨矣。"(朱熹《四书集注》)

参考译文

孟武伯问怎样做是孝。 孔子说:"让你的父母只忧虑你的疾病。"

子游问孝①,子曰:"今之孝者,是谓能养。至于犬马,皆能有养。不敬,何以别乎?"

要点注释

①**子游**:姓言,名偃(yǎn 演),字子游。吴国人。生于公元前 506 年,卒年不详。孔子的弟子。比孔子小四十五岁。

参考译文

子游问怎样做是孝,孔子说:"现在所谓孝顺,总说能够奉养父母就可以了。 但这却是很不够的,因为对狗对马,也都能做到饲养它。 如果对父母只做到奉养而不诚心孝敬的话,那和饲养狗马有什么区别呢?"

子夏问孝,子曰:"色难①。有事,弟子服其劳②;有酒食,先生馔③,曾是以为孝乎④?"

要点注释

①**色**:脸色。指和颜悦色;心里敬爱父母,脸面上好看。 ②**弟子**:晚辈。此指儿女。 ③**先生**:长辈。此指父母。 **馔**(zhuàn 赚):吃喝。 ④**曾**(zēng 增):副词。难道。 **是**:代词。此,这个。

参考译文

子夏问怎样做是孝，孔子说："对父母经常和颜悦色，是件难事。如果仅仅做到有了事，子女为父母去做；有了酒饭，让父母享受，但是，子女的脸色却很难看，难道能算是孝吗？"

精彩评点

本篇的这几章，都是孔子谈论有关孝的问题。孔子所提倡的孝，体现在各个方面和各个层次，反映了宗法制度的需要，适应了当时社会的需要。一个共同的思想，就是不仅要从形式上按周礼的原则侍奉父母，而且要从内心深处真正地孝敬父母。

子曰："吾与回言终日①，不违，如愚。退而省其私②，亦足以发，回也不愚。"

要点注释

①回：姓颜，名回，字子渊，又称颜渊。鲁国人。生于公元前521年(一说，公元前511年)，卒于公元前480年。是孔子早年最忠实的弟子，被孔子器重、厚爱。比孔子小三十(一说四十)岁。　②省(xǐng醒)：观察，考察。

参考译文

孔子说："我整天给颜回讲学问，他都不提不同的意见，好像是很愚笨。可是，课后我考察他私下里的言行，发现他对我的见解能充分发挥，可见颜回并不是愚笨的。"

精彩评点

这一章讲孔子的教育思想和方法。他不满意那种"终日不违"，从来不提相反意见和问题的学生，希望学生在接受教育的时候，要开动脑筋，思考问题，对老师所讲的问题应当有所发挥。所以，他认为不思考问题，不提不同意见的人，是蠢人。

子曰："视其所以①，观其所由②，察其所安③。人焉廋哉④？人焉廋哉？"

要点注释

①以：根据，原因，言行的动机。一说，"以"，通"与"。引申为与谁，同谁，结交什么样的朋友。　②由：经由，走的道路。指为达到目的而采用的方式方法。　③所安：安于……　④焉：代词，表疑问。哪里，怎么。　廋(sōu搜)：隐

藏,隐瞒。

◆**参考译文**

孔子说："了解一个人，要看他言行的动机，观察他所采取的方法，考察他安心于做什么。 这样去了解，这个人怎么能隐藏得住呢？这个人怎么能隐藏得住呢？"

◆**精彩评点**

本文主要讲如何了解别人的问题。孔子认为,对人应当听其言而观其行,还要看他做事的心境,从他的言论、行动到他的内心,全面了解观察一个人,那么这个人就没有什么可以隐瞒得了的。

子曰:"温故而知新①,可以为师矣。"

◆**要点注释**

①**故**:旧的,原先的。

◆**参考译文**

孔子说： "时时温习已经学过的知识，由此就能有新的体会、新发现，这样就可以作为人师了。"

◆**精彩评点**

"温故而知新"是孔子对我国教育学的重大贡献之一,他认为,不断温习所学过的知识,从而可以获得新知识。这一学习方法不仅在封建时代有其价值,在今天也有不可否认的适应性。人们的新知识、新学问往往都是在过去所学知识的基础上发展而来的。因此,温故而知新是一个十分可行的学习方法。

子曰:"君子不器①。"

◆**要点注释**

①**器**:器具,只有一种固定用途的东西。比喻人只具备一种知识,一种才能,一种技艺。

◆**参考译文**

孔子说： "君子不要像器具一样只有固定的某一方面的用处。"

子贡问君子①,子曰:"先行其言而后从之。"

要点注释

①君子:古代有学问有道德有作为的人,人格高尚的人,或有官职、地位高的人都可称"君子"。

参考译文

子贡问怎样做才是君子,孔子说:"在说之前,先去实行,然后再按照做了的去说。"

精彩评点

做一个有道德修养、又博学多识的君子,这是孔子弟子们孜孜以求的目标。孔子认为,作为君子,不能只说不做,而应先做后说。只有先做后说,才可以取信于人。

子曰:"君子周而不比①,小人比而不周②。"

要点注释

①周:同周围的人相处得很好,合群,团结。 比(bì 毕):本义是并列,挨着。在这里有贬义:为私情而勾结,拉帮结伙,结党营私。 ②小人:不正派、不道德、人格卑鄙的人。古代也称地位低的人。

参考译文

孔子说:"君子能在道义上团结人但不以私情而互相勾结;小人善于拉拢勾结而不在道义上团结人。"

精彩评点

孔子在这一章中提出君子与小人的区别之一,就是小人结党营私,与人相勾结,不能与大多数人融洽相处;而君子则不同,他胸怀广阔,与众人和谐相处,从不与人相勾结,这种思想在今天仍不失其积极意义。

子曰:"学而不思则罔①,思而不学则殆②。"

要点注释

①思:思考,思维。 罔(wǎng 网):同"惘"。迷惑,昏而无得。一说,欺罔,蒙蔽,受骗。另说,"罔",即无,无所得。 ②殆(dài 代):危险。一说,没有

信心。

参考译文

孔子说："学习了而不深入思考，就会迷惑；但只是去空思冥想而不去学习，那就危险了。"

子曰："攻乎异端①，斯害也已②。"

要点注释

①攻：钻研，一心致力于某事上。一说，攻击。　异端：不同的学说、主张。
②斯：代词。这，那。　已：语气词，表慨叹，相当"矣"。一说，停止，完毕。则此章的意思是：攻击那些邪说，祸害就没有了。

参考译文

孔子说："去攻击那些不正确的议论祸害就可以消灭了。"

子曰："由①诲女②知之乎？知之为知之，不知为不知，是知也③。"

要点注释

①由：姓仲，名由，字子路，又字季路。鲁国卞（今山东省平邑县东北）人。是孔子早年的弟子。长期跟随孔子，是忠实的警卫。曾做季康子的家臣，后死于卫国内乱。生于公元前542年，卒于公元前480年，比孔子小九岁。　②诲（huì 会）：教导，教育，诱导。女：同"汝"，你。　③知：前五个"知"字，是知道，了解，懂得。最后"是知也"的"知"，同"智"。明智，聪明，真知。　之：代词。指孔子所讲授的知识、学问。

参考译文

孔子说："仲由，我教你怎么算知道吧！　知道就是知道，不知道就是不知道，这种态度才是明智的。"

精彩评点

本章里孔子说出了一个深刻的道理："知之为知之，不知为不知，是知也。"对于文化知识和其他社会知识，人们应当虚心学习、刻苦学习，尽可能多地加以掌握。但人的知识再丰富，总有不懂的问题。那么，就应当有实事求是的态度。只有这样，才能学到更多的知识。

子张学干禄①。子曰:"多闻阙疑②,慎言其余,则寡尤③;多见阙殆,慎行其余,则寡悔。言寡尤,行寡悔,禄在其中矣。"

要点注释

①**子张**:姓颛(zhuān 专)孙,名师,字子张。陈国人。孔子晚年的弟子,比孔子小四十八岁。生于公元前 503 年,卒年不详。 **干禄**:求仕,谋求做官。"干",求,谋。"禄",官吏的俸禄,官职。 ②**阙**:空,缺,有所保留。 ③**寡**:少。 **尤**:过错,错误。

参考译文

子张学习如何谋求做官。 孔子说:"要多听各种意见,把觉得可怀疑的地方加以保留,谨慎地说出其余的,这样就能少犯错误;要多看各种情况,把觉得有危险的事情加以保留,谨慎地去做其余的,这样就能减少后悔。 说话少出错,做事少后悔,谋求官职的机会就在其中了。"

哀公问曰①:"何为则民服②?"孔子对曰:"举直错诸枉③,则民服;举枉错诸直,则民不服。"

要点注释

①**哀公**:鲁国鲁定公的儿子,姓姬,名蒋。"哀"是死后的谥号。在位二十七年(公元前494—前466年)。 ②**何为**:怎样做,做什么。 ③**举**:选拔,推举。 **直**:正直的、正派的人。 **错**:同"措",放置,安排。一说,废置,舍弃。 **诸**:"之于"的合音。 **枉**:不正直、不正派、邪恶的人。

参考译文

鲁哀公问道:"怎样做才能使百姓服从呢?"孔子回答说:"选拔正直的人,安排的位置在邪恶的人之上,百姓便服从了;选拔邪恶的人,安排的位置在正直的人之上,百姓就不服了。"

精彩评点

亲君子,远小人,这是孔子一贯的主张。在选用人才的问题上仍是如此。荐举贤才、选贤用能,这是孔子德治思想的重要组成部分。宗法制度下的选官用吏,唯亲是举,非亲非故者即使再有才干,也不会被选用。孔子的这种用人思想在当时可说是一大进步。"任人唯贤"的思想,在今天不失其珍贵的价值。

季康子问①:"使民敬,忠以劝②,如之何?"子曰:"临之以庄③,则敬;孝慈,则忠;举善而教不能,则劝。"

要点注释

①**季康子**:姓季孙,名肥。"康"是谥号。"子",是尊称。鲁哀公时,任正卿(宰相),政治上最有势力。　②**以**:连词。而。**劝**:努力,勤勉。　③**临**:对待。

参考译文

季康子问道:"要使百姓对我尊敬,对我忠实而又努力干,应该如何办呢?"孔子说:"你要用庄重严肃的态度来对待,百姓就会尊敬你;你倡导对父母孝顺,对众人慈爱,他们就会忠实于你;你选拔任用善良优秀的人,又教育那些能力差的人,百姓就会互相勉励而努力干了。"

精彩评点

本章内容还是在谈如何从政的问题。孔子主张"礼治"、"德治",这不单单是针对老百姓的,对于当政者仍是如此。当政者本人应当庄重严谨、孝顺慈祥,老百姓就会对当政的人尊敬、尽忠又努力干活。

或谓孔子曰①:"子奚不为政②?"子曰:"《书》云③:'孝乎惟孝,友于兄弟,施于有政④。'是亦为政,奚其为为政⑤?"

要点注释

①**或**:不定代词,有人。　②**奚**:疑问词,何,怎么。　③**书**:指《尚书》。是商周时期的政治文告和历史资料的汇编。　④**施**:推广、延及、影响于。　**有**:助词,无意义。　⑤**"奚其"句**:"奚",为什么。"其",代词,指做官。"为",是。"为政",参与政治。鲁定公初年,孔子没有出来做官,所以,有人疑其不为政。

参考译文

有人对孔子说:"你为什么不参与政治呢?"孔子说:"《尚书》里有句话说:'孝啊就是孝敬父母,并以友爱的态度对待兄弟。把倡导孝悌的道理推广到政治方面。'这也算是参与了政治,为什么非做官才算是参与政治呢?"

精彩评点

这一章反映了孔子两方面的思想主张。其一,国家政治以孝为本,孝父友兄的人才有资格担当国家的官职。说明了孔子的"德治"思想主张。其二孔子从事教育,不仅是教授学生的问题,而且是通过对学生的教育,间接参与国家政治,这是他教育思想的实质,也是他为政的一种形式。

子曰:"人而无信①,不知其可也。大车无**辀**②,小车无**軏**③,其何以行之哉④?"

要点注释

①信:讲信用,说了算数。 ②**辀**(ní 尼):古代大车(用牛拉,以载重)车辕前面横木上揳嵌的起关联固定作用的木销子(榫头)。 ③**軏**(yuè 月):古代小车(用马拉,以载人)车辕前面横木上揳嵌的起关联固定作用的木销子(榫头)。 ④何以:以何,用什么,靠什么。

参考译文

孔子说:"一个人不讲信用,真不知道他怎么为人处世!就好比大车上没有辀,小车上没有軏,它靠什么行走呢?"

子张问:"十世可知也①?"子曰:"殷因于夏礼②,所损益③,可知也;周因于殷礼,所损益,可知也;其或继周者,虽百世,可知也。"

要点注释

①世:古时称三十年为一世。这里指朝代。 ②殷:就是商朝。商朝传至盘庚(商汤王的第九代孙),从奄(今山东省曲阜市)迁都于殷(今河南省安阳县西北),遂称殷。商是国名,殷是国都之名。 因:因袭,沿袭。 礼:指整个仪礼制度,是规范社会行为的法则、规范、仪式的总称。 ③损益:减少和增加。

参考译文

子张问道:"往后十个朝代礼法制度的事,可以预知吗?"孔子说:"商朝沿袭了夏朝的礼制,所废除的和增加的,是可以知道的;周朝又沿袭了商朝的礼制,所废除的和增加的,可以知道;将来如有继承周朝的礼法制度,其基本内容不过增增减减,即使传下一百代之久,也是可以推知的。"

八佾篇第三

文题背景

本篇主要内容涉及"礼"的问题,主张维护礼在制度上、礼节上的种种规定;孔子提出"绘事后素"的命题,表达了他的伦理思想以及"君使臣以礼,臣事君以忠"的政治道德主张。本篇重点讨论如何维护"礼"的问题。

孔子谓季氏①,"八佾舞于庭②,是可忍也,孰不可忍也③?"

要点注释

①**季氏**:鲁国正卿季孙氏。此指季平子,即季孙意如。一说,季桓子。　②**八佾**:"佾(yì 意)",行,列。特指古代奏乐舞蹈的行列。一佾,是八个人的行列;八佾,就是八八六十四个人。按周礼规定,天子的乐舞,才可用八佾。诸侯,用六佾;卿、大夫,用四佾;士,用二佾。按季氏的官职,只有用四佾的资格,但他擅自僭(jiàn 剑。超越本分)用了天子乐舞规格的八佾,这是不可饶恕的越轨行为。　③**"是可"句**:"忍",容忍。"孰",疑问代词。什么。一说,"忍",忍心。则这两句的意思是:这样的事他都忍心做出来,什么事他不忍心做呢?

参考译文

孔子谈论季氏,说:"他在家庙的庭院里居然冒用了八佾规格的乐舞,这种事都可以狠心做出来,什么事不可以狠心做出来呢?"

精彩评点

春秋末期,奴隶制社会处于土崩瓦解、礼崩乐坏的过程中,违犯周礼、犯上作乱的事情不断发生,这是封建制代替奴隶制过程中的必然表现。季孙氏用八佾舞于庭院,是典型的破坏周礼的事件。对此,孔子表现出极大的愤慨,"是可忍孰不可忍"一句,反映了孔子对此事的基本态度。

三家者①,以《雍》彻②。子曰:"'相维辟公,天子穆穆③',奚取于三家之堂④?"

要点注释

①**三家**:春秋后期掌握鲁国政权的三家贵族:孟孙氏(即仲孙氏),叔孙氏,季孙氏。他们是鲁桓公之子仲庆父(亦称孟氏)、叔牙、季友的后裔,又称"三桓"。在这三家中,以季孙氏势力最大。他们自恃有政治经济的实力,所以经常有越轨周礼的行为,多次受到孔子的批判。　②**雍**:《诗经·周颂》中的一篇。古代,天子祭祀宗庙的仪式举行完毕后,在撤去祭品收拾礼器的时候,专门唱这首诗。亦作"雝"。**彻**:同"撤",撤除、拿掉。　③**"相维"句**:《诗经·周颂·雍》中的句子。"相(xiàng 向)",本指协助,帮助。这里指傧相,助祭者。"维",助词,没有意义。

"辟(bì 毕)",本指君王。这里的"辟公",指诸侯。"穆穆",庄严肃静。形容至美至敬。　④奚:何,怎么,为什么。　堂:祭祀先祖或接待宾客的庙堂。

参考译文

孟孙氏、叔孙氏、季孙氏这三家,在桓公庙祭祖完毕时,让乐工唱着《雍》诗,来撤掉祭品。　孔子说:"《雍》诗上说:'协助祭祀的是四方诸侯,天子才是庄严肃穆的主祭者。'为什么在你三家祭祖的庙堂上却用了唱《雍》诗的仪式?"

精彩评点

本章与前章都是谈鲁国当政者违"礼"的事件。对于这些越礼犯上的举动,孔子表现得极为愤慨,天子有天子之礼,诸侯有诸侯之礼,各守各的礼,才可以使天下安定。因此,"礼",是孔子政治思想体系中的重要范畴。

子曰:"人而不仁,如礼何①? 人而不仁,如乐何?"

要点注释

①如礼何:"如……何"是古代常用句式,当中一般插入代词、名词或其他词语,意思是"把(对)……怎么样(怎么办)"。

参考译文

孔子说:"一个人不讲仁德,如何对待礼呢? 一个人不讲仁德,如何对待乐呢?"

林放问礼之本①。子曰:"大哉问! 礼,与其奢也②,宁俭;丧,与其易也③,宁戚④。"

要点注释

①林放:姓林,名放,字子上。鲁国人。一说,孔子的弟子。　②与其:连词。在比较两件事的利害得失而决定取舍的时候,"与其"用在放弃的一面。后面常用"毋宁"、"不如"、"宁"相呼应。　③易:本义是把土地整治得平坦。在这里指周到地治办丧葬的礼节仪式。　④戚:心中悲哀。

参考译文

林放问礼的根本是什么。　孔子说:"你提的问题意义重大啊! 从礼节仪式来说,与其奢侈,不如节俭;从治办丧事来说,与其在仪式上搞得很隆重而完备周到，不如心里真正悲哀地悼念死者。"

子曰："夷狄之有君①，不如诸夏之亡也②。"

要点注释

①夷：我国古代东方少数民族。　狄：我国古代北方少数民族。　②诸夏：当时中原黄河流域华夏族居住的各个诸侯国。　亡：同"无"。鲁国的昭公、哀公，都曾逃往国外，形成某一时期内鲁国无国君的现象。由此，孔子发出感叹。

参考译文

孔子说："夷狄虽有君主却没有礼仪，还不如中原诸国没有君主却保留着礼仪好呢。"

精彩评点

在孔子的思想里，有强烈的"夷夏观"，以后又逐渐形成"夷夏之防"的传统观念。在他看来，"诸夏"有礼乐文明的传统，这是好的，即使"诸夏"没有君主，也比虽有君主但没有礼乐的"夷狄"要好。这种观念是大汉族主义的源头。

季氏旅于泰山①。子谓冉有曰②："女弗能救与③？"对曰："不能。"子曰："呜呼！曾谓泰山不如林放乎④？"

要点注释

①旅：古代，祭祀山川叫"旅"。　泰山：在今山东省泰安市。按周礼规定，天子才有资格祭祀天下名山大川，诸侯只有资格祭祀在其封地境内的名山大川。季康子不过是鲁国的大夫，却去祭祀泰山，这是越礼行为。　②冉有：姓冉，名求，字子有，也称冉有。鲁国人，仲弓之族。孔子的弟子，比孔子小二十九岁，生于公元前522年，卒年不详。冉有当时是季康子的家臣。　③女：同"汝"。你。　弗：不。　救：补救，劝阻，设法匡正。　与：同"欤"。语气词。　④曾：副词。莫非，难道，竟然。

参考译文

季氏去祭祀泰山。孔子对冉有说："你不能劝阻吗？"冉有回答说："不能。"孔子说："啊呀！莫非说泰山之神还不如鲁国人林放知道礼吗？"

精彩评点

祭祀泰山是天子和诸侯的专权，季孙氏只是鲁国的大夫，他竟然也去祭祀泰山,所以孔子认为这是"僭礼"行径。此章仍是谈论礼的问题。

子曰:"君子无所争。必也射乎①！揖让而升②,下而饮。其争也君子。"

要点注释

①射:本是射箭。此指射礼——按周礼所规定的射箭比赛。有四种:一、大射(天子、诸侯、卿、大夫选属下善射之士而升进使用);二、宾射(贵族之间朝见聘会时用);三、燕射(贵族平时娱乐之用);四、乡射(民间习射艺)。 ②揖:作揖。拱手行礼,以表尊敬。

参考译文

孔子说:"君子之间没有可争的事。 如果有争,那一定是射箭比赛吧!就算是射箭相争,也是互相作揖,谦让,然后登堂;射箭比赛完了走下堂来,又互相敬酒。 这种争,就是君子之争。"

子夏问曰:"巧笑倩兮①,美目盼兮②,素以为绚兮③。何谓也?"子曰:"绘事后素④。"曰:"礼后乎?"子曰:"起予者商也⑤！始可与言《诗》已矣。"

要点注释

①巧笑:美好的笑容。 倩(qiàn 欠):指笑时面容格外妍美,笑容好看。兮:助词,啊,呀。 ②盼:眼珠黑白分明。 ③绚:有文彩,绚丽多彩。"巧笑"二句,见《诗经·卫风·硕人》篇。"素以为绚兮",不见于现在通行的《毛诗》,可能是佚句。 ④绘事后素:"绘事",画画。"后",后于,在……之后。"素",白底子。意思说:画画总是先有个白底子,然后才能画。一说,女子先用素粉敷面,然后才用胭脂、青黛等着色,打扮得漂亮。 ⑤起:发挥,阐明。 予:我。商:卜商,即子夏。

参考译文

子夏问道: "'美好的笑容真好看啊,美丽的眼睛黑白多分明啊,粉白的脂粉更把她装扮得楚楚动人啊。'这几句是什么意思呢?"孔子说:"像绘画一样先有了白底子,然后才画上画。"子夏又问: "这使我想到,礼节仪式是不是在仁德之后呢?"孔子说: "能阐明我的意思的是你卜商呀!现在开始可以同你谈论《诗》了。"

子曰:"夏礼,吾能言之,杞不足征也①;殷礼,吾能言之,宋不足征也②。文献不足故也③。足，则吾能征之矣。"

要点注释

　　①杞(qǐ 起)：古国，现在河南省杞县一带。杞国的君主是夏朝禹的后代。**征**：证明，引以为证。　②**宋**：古国，现在河南省商丘市南部一带。宋国的君主是商朝汤的后代。　③**文**：指历史文字资料。　**献**：指贤人。古代，朝廷称德才兼备的贤人为"献臣"。

参考译文

　　孔子说："夏朝的礼，我能说出来，但是，夏的后代杞国现在施行的礼仪却不足以作为考证的证明；殷代的礼，我能说出来，但是，殷的后代宋国现在施行的礼仪却不足以作为考证的证明。因为文字资料不足，熟悉夏礼、殷礼的贤人也不多。如果'文''献'足够的话，我就能用它来作考证的证明了。"

精彩评点

　　这一段话表明两个问题。孔子对夏商周代的礼仪制度等非常熟悉，他希望人们都能恪守礼的规范，可惜当时僭礼的人实在太多了。其次，他认为对夏商周之礼的说明，要靠足够的历史典籍贤人来证明，也反映了他对知识的求实态度。

　　子曰："禘自既灌而往者①，吾不欲观之矣②。"

要点注释

　　①禘(dì 地)：古代只有天子才可以举行的祭祀祖先的隆重典礼。**既**：已经。**灌**：禘礼初始即举行的献酒降神仪式。古代祭祀祖先，一般用活人坐在灵位前象征受祭者(这个人叫"尸")。煮香草为"郁"，合黍酿成气味芬芳的一种酒"郁鬯(chàng 唱)"。将"郁鬯"献于"尸"前，使其闻一闻酒的香气而并不饮用，然后将酒浇在地上。这整个过程就叫"灌"。　②**不欲观**：不愿看，看不下去了。鲁国是周公旦的封地。据《礼记》记载，周公死后，他的侄儿周成王(姬诵)为了追念周公辅佐治国的伟大功勋，特许周公的后代在祭祀时举行最高规格的"禘礼"。但这毕竟是不合礼的。而且，一般在经过"灌"的仪式以后，鲁国的君臣往往也都表现懈怠而无诚意了。所以，孔子说了"不欲观"的话。

参考译文

　　孔子说："举行禘祭的典礼时，从第一次的献酒之后，我就不愿看下去了。"

或问禘之说。子曰："不知也①。知其说者之于天下也，其如示诸斯乎②！"指其掌。

要点注释

①不知也：孔子对鲁国"禘祭"不满，所以，他故意避讳，说不知道"禘祭"的道理。 ②"其如"句："示"，同"置"，摆，放。"诸"，"之于"的合音。"斯"，这，指手掌。这句话的意思是：像把东西摆在掌中一样明白而容易。一说，"示"同"视"。

参考译文

有人向孔子请教关于"禘祭"的道理。 孔子说："不知道。 能懂这种道理的人治理天下，会像把东西摆在这里一样吧！"孔子一面说，一面指着自己的手掌。

精彩评点

孔子认为，在鲁国的禘祭中，名分颠倒，不值得一看。所以有人问他关于禘祭的规定时，他故意说不知道。但紧接着又说，谁能懂得禘祭的道理，治天下就容易了。这就是说，谁懂得禘祭的规定，谁就可以归复紊乱的"礼"了。

祭如在，祭神如神在。子曰："吾不与祭①，如不祭。"

要点注释

①与(yù 预)：参与，参预，参加。

参考译文

祭祀祖先就如同祖先真在那里，祭祀神就如同神真在那里。 孔子说："我如果不亲自参加祭祀，而由别人代祭，那就如同不祭祀一样。"

精彩评点

孔子并不过多提及鬼神之事，如他说："敬鬼神而远之。"所以，这一章他说祭祖先、祭鬼神，就好像祖先、鬼神真在面前一样，并非认为鬼神真的存在，而是强调参加祭祀的人，应当在内心有虔诚的情感。这样看来，孔子主张进行的祭祀活动主要是道德的而不是宗教的。

王孙贾问曰①:"与其媚于奥②,宁媚于灶③。何谓也?"子曰:"不然。获罪于天,无所祷也。"

要点注释

①**王孙贾**:卫灵公时卫国的大夫,有实权。 ②**媚**:谄媚,巴结。 **奥**:本义指室内的西南角。这里指屋内西南角的神。古时尊长居西南,所以奥神的地位应比灶神尊贵些。 ③**灶**:本义是炉灶,用来烹煮食物或烧水。从夏代就以灶为神,称"灶君",为"五祀之一",即老百姓所说的"灶王爷"。旧俗,阴历腊月二十三(或二十四)日,烧纸马,供奉饴糖,送灶神上天,谓之"送灶";腊月三十(除夕),又迎回来,谓之"迎灶"。灶神地位虽较低,但上可通天,决定人的祸福,故当时人们的俗话才说"宁媚于灶":祭祀神明时首先要奉承巴结的是灶神。

参考译文

王孙贾问道:"人们说与其奉承奥神,不如奉承灶神。这话怎么讲?"孔子说:"不是那样。如果得罪了天,向谁祈祷都是没有用的。"

精彩评点

从表面上看,孔子似乎回答了王孙贾的有关拜神的问题,实际上讲出了一个深奥的道理。这就是:地方上的官员如灶神,他直接管理百姓的生产与生活,但在内廷的官员与君主往来密切,是得罪不得的。

子曰:"周监于二代①,郁郁乎文哉②!吾从周。"

要点注释

①**监**:同"鉴",本义是镜子,引申为照,考察,可以作为警戒或引为教训的事。在这里是借鉴于前代的意思。 **二代**:指夏、商两个朝代。 ②**郁郁**:原意是草木丰盛茂密的样子,也指香气浓厚。这里指繁盛。

参考译文

孔子说:"周代政治礼乐制度等是借鉴于夏商两代而发展演变建立起来的,多么丰富繁盛啊!我尊从周代的一切。"

精彩评点

孔子对夏商周的礼仪制度等有深入研究,他认为,历史是不能割断的,后一个王朝对前一个王朝必然有承继,有沿袭。遵从周礼,这是孔子的基本态度,但这不是绝对的。在前面的篇章里,孔子就提出对夏、商、周的礼仪制度都应有所损益。

子入太庙①,每事问。或曰:"孰谓鄹人之子知礼乎②?入太庙,每事问。"子闻之,曰:"是礼也。"

要点注释

①**太庙**:古代指供奉祭祀君主祖先的庙。开国的君主叫太祖,太祖的庙叫太庙。因为周公(姬旦)是鲁国最初受封的君主,所以,当时鲁国的太庙,就是周公庙。 ②**孰谓**:谁说。 **鄹**(zōu 邹):又写为"陬""郰"。春秋时鲁国的邑名,在今山东省曲阜市东南一带。孔子的父亲叔梁纥(hé 和)在鄹邑做过大夫。"鄹人",指叔梁纥。"鄹人之子",即指孔子。

参考译文

孔子进入太庙助祭,对每件事都询问。 有人说:"谁说鄹邑人的儿子知道礼呢? 进入太庙,每件事都要问一问。"孔子听到了这话,说:"这样做,就是礼啊。"

精彩评点

孔子对周礼十分熟悉。他来到祭祀周公的太庙里却每件事都要问别人。所以,有人就对他是否真的懂礼表示怀疑。这一段说明孔子并不以"礼"学专家自居,而是虚心向人请教的品格,同时也说明孔子对周礼的恭敬态度。

子曰:"射不主皮①,为力不同科②,古之道也。"

要点注释

①**射不主皮**:"射",射箭。周代仪礼制度中有专门为演习礼乐而举行的射箭比赛,称"射礼"。这里的"射"即指此。"皮",指用兽皮做成的箭靶子。古代,箭靶子叫"侯",用布做或用皮做。《仪礼·乡射礼》:"礼射不主皮。"射礼比赛,射箭应当以是否"中的"为主,而不在于用力去射,把箭靶子穿透。这与作战比武的"军射"不同。那是提倡用力射的,有"射甲彻七札(穿透甲革七层)"之说。 ②**力**:指每个人天生的力气。 **科**:指等级,类别。

参考译文

孔子说:"在举行射礼比赛时,射箭主要不在于射穿那箭靶子,因为各个人的力气大小有所不同,自古以来就是这个道理。"

精彩评点

"射"是周代贵族经常举行的一种礼节仪式,属于周礼的内容之一。孔子在这里所讲的射箭,只不过是一种比喻,意思是说,只要肯学习有关礼的规定,不管学到什么程度,都是值得肯定的。

子贡欲去告朔之饩羊①。子曰:"赐也!尔爱其羊②,我爱其礼。"

要点注释

①告朔(shuò 硕):阴历的每月初一,叫"朔"。古代制度,诸侯在每月的初一来到祖庙,杀一只活羊举行祭礼,表示每月"听政"的开始,叫"告朔"。其实,在当时的鲁国,君主已不亲自到祖庙去举行"告朔"礼了。 饩(xì 戏):活的牲畜。 ②尔:代词,你。

参考译文

子贡想要把"告朔"时祭祖庙的那头活羊省去不用。 孔子说:"端木赐呀!你爱惜的是那头羊,我爱惜的却是那种礼仪。"

精彩评点

按照周礼的规定,周天子每年秋冬之际,就把第二年的历书颁给诸侯,诸侯把历书放在祖庙里,并按照历书规定每月初一来到祖庙,杀一只活羊祭庙,表示每月听政的开始。当时,鲁国君主已不亲自去"告朔","告朔"已经成为形式。所以,子贡提出去掉"饩羊"。对此,孔子大为不满,对子贡加以指责,表明了孔子维护礼制的立场。

子曰:"事君尽礼①,人以为谄也②。"

要点注释

①事:事奉,服务于。 ②谄(chǎn 产):谄媚,用卑贱的态度向人讨好,奉承。

参考译文

孔子说:"侍奉君主,完全按照周礼的规定,别人却以为这样做是对君主谄媚、讨好。"

精彩评点

孔子一生要求自己严格按照周礼的规定事奉君主,这是他的政治伦理信念。但却受到别人的讥讽,认为他是在向君主谄媚。这表明,当时的君臣关系已经遭到破坏,已经没有多少人再重视君臣之礼了。

定公问曰①:"君使臣②,臣事君,如之何③?"孔子对曰:"君使臣以礼,臣事君以忠。"

要点注释

①**定公**:鲁国的君主,姓姬,名宋,谥号"定"。襄公之子,昭公之弟,继昭公而立。在位十五年(公元前509—前495年)。鲁定公时,孔子担任过司寇,代理过宰相。鲁定公的哥哥昭公,曾被贵族季氏赶出国外。因此,鲁定公询问孔子,如何正确处理君臣关系,以维持政权。 ②**使**:使用。 ③**如之何**:如何,怎样。"之"是虚词。

参考译文

鲁定公问孔子说:"君主使用臣子,臣子侍奉君主,应当怎样去做呢?"孔子回答道:"君主使用臣子应当以礼相待,臣子侍奉君主应当以忠诚相待。"

精彩评点

"君使臣以礼,臣事君以忠",这是孔子君臣之礼的主要内容。只要做到这一点,君臣之间就会和谐相处。从本章的语言环境来看,孔子还是侧重于对君的要求,强调君应依礼待臣,还不似后来那样:即使君主无礼,臣下也应尽忠,以至于发展到不问是非的愚忠。

子曰:"《关雎》乐而不淫①,哀而不伤。"

要点注释

①**《关雎(jū 居)》**:《诗经》第一篇的篇名。因它的首句是"关关雎鸠,在河之洲。"故名。"雎鸠",是古代所说的一种水鸟。"关关",是雎鸠的鸣叫声。这是一首爱情诗。古代也用这首诗作为对婚礼的祝贺词。 **淫**:放纵,放荡,过分。

参考译文

孔子说:"《关雎》这首诗,显示出欢乐但不放荡,出现了哀思但没有悲伤。"

◆精彩评点◆

孔子对《关雎》一诗的这个评价，体现了他的"思无邪"的艺术观。《关雎》是写男女爱情、祝贺婚礼的诗，与"思无邪"本不相干，但孔子却从中认识到"乐而不淫、哀而不伤"的中庸思想，认为无论哀与乐都不可过分，有其可贵的价值。

哀公问社于宰我①。宰我对曰："夏后氏以松②，殷人以柏，周人以栗，曰：使民战栗③。"子闻之，曰："成事不说，遂事不谏④，既往不咎⑤。"

◆要点注释◆

①社：土地神。这里指的是制作代表土地神的木头牌位。　宰我：姓宰，名予，字子我。又称宰我。鲁国人。孔子早年的弟子。　②夏后氏：本是部落名。相传禹是部落领袖。禹的儿子启，建立了我国历史上第一个朝代——夏朝。后世指夏朝的人，就称"夏后氏"。以：用。　松：古人以为神要凭借某种东西才能来享受人对神的祭祀，而把这种所凭借的东西称为"神主"（木制的牌位）。夏代人用松木做土地神的神主。一说，是指栽树以作祭祀。夏代人居住在河东（今山西省西南部），山野适宜栽松树；殷代人居住在北亳（今河南省商丘市以北），山野适宜栽柏树；周代人居住在酆镐(fēng hào 风浩)（今陕西省西安市西北、西南一带），山野适宜栽栗树。　③战栗：因害怕而发抖，哆嗦。这里，宰我"让老百姓战栗"的解释有牵强之处，孔子不满。　④遂：已经完成，成功。　谏(jiàn 见)：规劝，使改正错误。　⑤咎(jiù 旧)：责备。

◆参考译文◆

鲁哀公问宰我，祭祀土地神的神主要用什么木料做牌位。宰我回答说："夏朝人用松树，商朝人用柏树，周朝人用栗子树。用栗的意思是说：让老百姓战栗。"孔子听了以后，批评宰我说："已经做过的事不用再说了，已经完成的事不必再劝谏了，已经过去的事不要再去责备追究了。"

◆精彩评点◆

古时立国都要建立祭土神的庙，选用宜于当地生长的树木做土地神的牌位。宰我回答鲁哀公说，周朝用栗木做神主是为了"使民战栗"，孔子就不高兴了，因为宰我在这里讥讽了周天子，所以说了这一段话。

里仁篇第四

文题背景

本篇主要内容涉及义与利的关系问题、个人的道德修养问题、孝敬父母的问题以及君子与小人的区别。这一篇包括了儒家的若干重要范畴、原则和理论，对后世都产生过较大影响。

子曰："里仁为美①。择不处仁②，焉得知③？"

要点注释

①里：邻里。周制，五家为邻，五邻（二十五家）为里。这里用作动词，居住。

仁：讲仁德而又风俗淳厚的地方。一说，有仁德的人。文中的意思就是：与有仁德的人居住在一起，为邻里。　②处（chǔ础）：居住，在一起相处。　③焉：怎么，哪里，哪能。　知：同"智"，聪明。

参考译文

孔子说："居住在有仁德的地方才是美好的。如果不选择有仁德的住处，哪能算得上是聪明呢？"

精彩评点

每个人的道德修养既是个人自身的事，又必然与所处的外界环境有关。重视居住的环境，重视对朋友的选择，这是儒家一贯注重的问题。近朱者赤，近墨者黑，与有仁德的人住在一起，耳濡目染，都会受到仁德者的影响；反之，就不大可能养成仁的情操。

子曰："不仁者不可以久处约①，不可以长处乐②。仁者安仁，知者利仁。"

要点注释

①约：贫困，俭约。　②乐：安乐，富裕。

参考译文

孔子说："没有仁德的人，不能长久过穷困生活，也不能长久过安乐生活。有仁德的人为了心安而实行仁德，聪明的人知道仁最终会给他带来好处而实行仁德。"

子曰:"唯仁者能好人①,能恶人②。"

要点注释

①好(hào 号):喜爱,喜欢。　②恶(wù 务):厌恶,讨厌。

参考译文

孔子说:"只有有仁德的人,才能真心地喜爱某人,也能真心地厌恶某人。"

子曰:"苟志于仁矣①,无恶也②。"

要点注释

①苟:假如,如果。　志于仁:存心在仁。　②恶(wù):厌恶。

参考译文

孔子说:"只要存心在仁了,他对人,便没有真正厌恶的了。"

子曰:"富与贵,是人之所欲也;不以其道得之,不处也①。贫与贱,是人之所恶也;不以其道得之,不去也②。君子去仁,恶乎成名③?君子无终食之间违仁④,造次必于是⑤,颠沛必于是⑥。"

要点注释

①处:享受,接受。　②去:避开,摆脱。　③恶:同"乌"。相当于"何",疑问副词,怎样,如何。　④终食之间:吃完一顿饭的工夫。　违:违背,离开。　⑤造次:紧迫,仓促,急迫。　必于是:必须这样做。"是",代词,这,此。　⑥颠沛:本义是跌倒。引申为穷困,受挫折,流离困顿。

参考译文

孔子说:"发财和升官,是人人所向往的,然而,若不是用正当的方法去获得,君子是不接受的。生活穷困和地位卑微,是人人所厌恶的,然而,若不是用正当的方法去摆脱,君子是受而不避的。君子假如离开仁德,如何能成就好名声呢?君子是连吃完一顿饭的工夫也不能违背仁的。即使是在最紧迫的时刻也必须按仁德去做,即使是在流离困顿的时候也必须按仁德去做。"

子曰：“我未见好仁者，恶不仁者。好仁者，无以尚之①；恶不仁者，其为仁矣，不使不仁者加乎其身。有能一日用其力于仁矣乎？我未见力不足者。盖有之矣②，我未之见也③。”

要点注释

①尚：超过。　②盖：发语词。表示肯定的语气。　③未之见：未见之，意即没看到过这种人或这种情况。

参考译文

孔子说：“我没见过爱好仁德的人，也没见过厌恶不仁的人。爱好仁德的人，觉得世上没有什么可以超过仁的；厌恶不仁的人，在实行仁德时，不会让不仁德的事加在他身上。有谁能用一天的时间将全部力量去实行仁德的吗？我还没见过实行仁德而力量不够的人。大概这样的人会有的，但我没见过。”

子曰：“人之过也，各于其党①。观过，斯知仁矣②。”

要点注释

①党：本指古代地方组织，五百家为党。引申为朋辈，意气相投的人，同类的人。　②斯：代词，那。仁：同“人”。一说，仁德。句中的意思则是：观察一个人犯的什么错误，就能知道是不是有仁德了。

参考译文

孔子说：“人的错误，按照各人的情况不同而有不同的类别。观察一个人所犯的错误，就能知道他是哪一类的人了。”

精彩评点

孔子认为，人之所以犯错误，从根本上讲是他没有仁德。有仁德的人往往会避免错误，没有仁德的人就无法避免错误，所以从这一点上，没有仁德的人所犯错误的性质是相似的。这从另一角度讲了加强道德修养的重要性。

子曰：“朝闻道①，夕死可矣。”

要点注释

①闻：听到，知道，懂得。　道：此指某种真理，道理，原则。也即我们所说的儒家之道。

参考译文

孔子说："早上明白知晓了真理，即使当晚就死去，也是值得的。"

精彩评点

这一段话常常被人们所引用。孔子所说的"道"究竟指什么，这在学术界是有争论的。我们的认识是，孔子这里所讲的"道"，系指社会、政治的最高原则和做人的最高准则，这主要是从伦理学意义上说的。

子曰："士志于道①，而耻恶衣恶食者，未足与议也。"

要点注释

①士：读书人，一般的知识分子，小官吏。

参考译文

孔子说："有志于探求真理，而又以穿的衣服不好吃的饭菜不好为耻辱的读书人，是不值得与他谈论的。"

精彩评点

本章和前一章讨论的都是道的问题。本章所讲"道"的含义与前章大致相同。这里，孔子认为，一个人斤斤计较个人的吃穿等生活琐事，他是不会有远大志向的，因此，根本就不必与这样的人去讨论什么道的问题。

子曰："君子之于天下也，无适也，无莫也①，义之与比②。"

要点注释

①无适：没有专门的规定一定要这样。　无莫：没有专门的规定不能这样。
②义之与比：与义靠近，向义靠拢，也就是"与义比之"。"比（bǐ 毕）"，从，靠近，亲近。

参考译文

孔子说："君子对于天下事情的处理，没有一定要做的，也没有一定不要做的，而是怎样适合情理，就怎么去做。"

精彩评点

这一章里孔子提出对君子要求的基本点之一："义之与比。"有高尚人格的君子为人公正、友善，处世严肃、灵活，不会厚此薄彼。本章谈论的仍是个人的道德修养问题。

子曰:"君子怀德,小人怀土;君子怀刑①,小人怀惠。"

要点注释

①怀:关心。 刑:指法令制度。

参考译文

孔子说:"君子关心的是道德教化,小人关心的是乡土田宅;君子关心的是法令制度,小人关心的是小恩小惠。

精彩评点

本章再次提到君子与小人这两个不同类型的人格形态,认为君子有高尚的道德,他们胸怀远大,视野开阔,考虑的是国家和社会的事情,而小人则只知道思恋乡土、小恩小惠,考虑的只有个人和家庭的生计。这是君子与小人之间的区别点之一。

子曰:"放于利而行①,多怨。"

要点注释

①放(fǎng 访):同"仿"。仿照,效法,依照。引申为一味追求。

参考译文

孔子说:"为追求私利而行动,会招来许多人的怨恨。"

精彩评点

本章也谈义与利的问题。孔子认为,作为具有高尚人格的君子,他不会总是考虑个人利益的得与失,更不会一心追求个人利益,否则,就会招致来自各方的怨恨和指责。这里仍谈先义后利的观点。

子曰:"能以礼让为国乎①,何有②? 不能以礼让为国,如礼何?"

要点注释

①礼让:按照周礼,注重礼仪与谦让。 ②何有:有何,有什么。这里的意思指还有什么困难。

参考译文

孔子说："能够以礼让的原则来治理国家，那还有什么困难呢？如果不能以礼让来治国，如何能实行周礼呢？"

精彩评点

孔子把"礼"的原则推而广之，用于国与国之间的交往，这在古代是无可非议的。因为孔子时代的"国"乃"诸侯国"，均属中国境内的兄弟国家。然而，在近代以来，曾国藩等人仍主张对西方殖民主义国家采取"礼让为国"的原则，那就难免被指责为"卖国主义"了。

子曰："不患无位，患所以立①。不患莫己知②，求为可知也。"

要点注释

①立：站得住脚，有职位，在社会有立足之地。 ②莫己知：即"莫知己"，意即不了解自己。

参考译文

孔子说："不要担忧没有官职地位，应该担忧的是自己没有能用以站得住脚的学问与本领。 不要担忧没有人了解自己，应该谋求能使别人了解自己的才干。"

精彩评点

这是孔子对自己和自己的学生经常谈论的问题，是他立身处世的基本态度。孔子并非不想成名成家，并非不想身居要职，而是希望他的学生必须首先立足于自身的学问、修养、才能的培养，具备足以胜任官职的各方面素质。这种思路是可取的。

子曰："参乎！吾道一以贯之。"曾子曰："唯①。"子出，门人问曰："何谓也？"曾子曰："夫子之道，忠恕而已矣②。"

要点注释

①唯：在这里是应答词，是的。 ②忠：忠诚，真挚诚恳。 恕：不计较别人的过错，对别人宽容。

参考译文

孔子说："曾参啊！我所主张的'道'是由一个根本的宗旨而贯彻始终

的。"曾子说:"是的。"孔子走出去以后,别的弟子问曾参:"老师的话是什么意思?"曾子说:"老师所主张的道,不过是忠和恕罢了。"

精彩评点

忠恕之道是孔子思想的重要内容,待人忠恕,这是仁的基本要求,贯穿于孔子思想的各个方面。在这章中,孔子只说他的道是有一个基本思想一以贯之的,没有具体解释什么是忠恕的问题,在后面的篇章里,就回答了这个问题。

子曰:"君子喻于义①,小人喻于利②。"

要点注释

①喻:知道,明白,懂得。 义:公正合宜的道理或举动,合乎正义。 ②利:私利,财利。

参考译文

孔子说:"君子懂得义,小人只知道利。"

公冶长篇第五

文题背景

本篇共计28章,内容以谈论仁德为主。在本篇里,孔子和他的弟子们从各个侧面探讨仁德的特征。此外,本篇著名的句子有"朽木不可雕也。粪土之墙不可朽也";"听其言而观其行";"敏而好学,不耻下问";"三思而后行"等。这些思想对后世产生过较大影响。

子谓公冶长①:"可妻也②。虽在缧绁之中③,非其罪也。"以其子妻之④。

要点注释

①公冶长:姓公冶,名长,字子芝,鲁国人(一说,齐国人)。孔子的弟子,传说懂得鸟语。 ②妻:本是名词,在这里作动词用,读 qì(音气),嫁给……做妻子。 ③缧绁(léixiè 雷谢):捆绑犯人用的黑色的长绳子。这里代指监狱。④子:指孔子的女儿。古时男女小孩都称为"子"。

参考译文

孔子谈到公冶长时说："可以把女儿嫁给他做妻子。虽然他曾经蹲过监狱，但那并不是他有罪过。"于是把自己的女儿嫁给了公冶长做妻子。

精彩评点

在这一章里，孔子对公冶长作了较高评价，但并未说明究竟公冶长做了哪些突出的事情，不过从本篇所谈的中心内容看，作为公冶长的老师，孔子对他有全面了解。孔子能把女儿嫁给他，那么公冶长至少应具备仁德。这是孔子一再向他的学生提出的要求。

子谓南容①："邦有道②，不废③；邦无道，免于刑戮④。"以其兄之子妻之。

要点注释

①**南容**：姓南宫，名适(kuò 阔)，一作"括"，又名绍(tāo 涛)，字子容。鲁国孟僖子之子，孟懿子之兄(一说，弟)，本名仲孙阅，因居于南宫，以之为姓。谥号敬叔，故也称南宫敬叔。孔子的弟子。   ②**邦有道**：指国家政治清明，太平兴盛。   ③**废**：废弃，废置不用。   ④**刑戮**："戮(lù 路)"，杀。刑戮，泛指受刑罚，受惩治。

参考译文

孔子谈到南容时说："国家政治清明的时候，他被任用做官不会被罢免；国家政治黑暗的时候，他也会免遭刑罚。"于是把自己的侄女嫁给了南容做妻子。

精彩评点

本章里，孔子对南容也作了比较高的评价，同样也没有讲明南容究竟有哪些突出的表现。当然，他能够把自己的侄女嫁给南容，也表明南容有较好的仁德。

子谓子贱①："君子哉若人②！鲁无君子者，斯焉取斯③？"

要点注释

①**子贱**：姓宓(fú 浮)，名不齐，字子贱，鲁国人。公元前 521 年生，卒年不详。孔子的弟子。子贱曾任单父(今山东省单县)宰，史称："有才智，爱百姓，身不下堂，鸣琴而治。能尊师取友，以成其德。"著有《宓子》十六篇。   ②**若**：代

词。此，这。 ③斯：代词。在句中，第一个"斯"，是代指子贱这个人。第二个"斯"，是代指君子的品德。 焉：疑问代词，哪里，怎么，怎样。 取：取得，获得。

参考译文

孔子谈到子贱时说："这个人真是君子啊！假如鲁国没有君子的话，他从哪里取得这种品德呢？"

子贡问曰："赐也何如①？"子曰："女②，器也。"曰："何器也？"曰："瑚琏也③。"

要点注释

①何如：如何，怎样。 ②女：汝，你。 ③瑚琏：古代祭祀时盛粮食(黍稷)用的一种贵重的器具，竹制，上面用玉装饰，很华美，有方形的，有圆形的，夏代称"瑚"，殷代称"琏"。在这里，孔子用"瑚琏"比喻子贡，虽是有用之才，但也不过仅有一种具体的才干，达不到最高标准的"君子不器"。

参考译文

子贡问孔子："我端木赐怎么样呢？"孔子说："你，是个有用的器具。"子贡问："是个什么器具呢？"孔子说："你像是宗庙里盛黍稷的瑚琏。"

精彩评点

孔子把子贡比作瑚琏，肯定子贡有一定的才能，因为瑚琏是古代祭器中贵重而华美的一种。但如果与上二章联系起来分析，可见孔子看不起子贡，认为他还没有达到"君子之器"那样的程度，仅有某一方面的才干。

或曰①："雍也，仁而不佞②。"子曰："焉用佞？御人以口给③，屡憎于人。不知其仁，焉用佞？"

要点注释

①或：代词。有的人。 ②雍：姓冉，名雍，字仲弓。鲁国人。生于公元前522年，卒年不详。孔子的弟子。 佞(nìng泞)：能言善说，有口才。 ③御：抗拒，抵抗。这里指辩驳对方，与人顶嘴。 口给："给(jǐ挤)"，本义是丰足，也指言语敏捷。口给，指嘴巧，嘴快话多。孔子反对"巧言乱德"的人。

参考译文

有的人说:"冉雍啊,有仁德,而不能言善辩。"孔子说:"何必要能言善辩呢?能说会道的人同人家顶嘴,嘴快话多,常常引起别人的厌恶不满。 我不知道冉雍是不是做到有仁德,但哪里用得上能言善辩呢?"

子使漆雕开仕①,对曰:"吾斯之未能信②。"子说③。

要点注释

①**漆雕开**:姓漆雕,名开,字子开(一说,字子若)。蔡国人(一说,鲁国人)。公元前540年生,卒年不详。孔子弟子。 ②**"吾斯"句**:"吾未能信斯"的倒装。"斯",做官的事。"信",信心,相信,自信。这话是说自己还没有达到"学而优则仕"的程度。 ③**说**:同"悦"。

参考译文

孔子让漆雕开去做官,漆雕开回答说:"我对做官还没有信心。"孔子听了这话很高兴。

精彩评点

孔子的教育方针是"学而优则仕",学到知识,就要去做官,他经常向学生灌输读书做官的思想,鼓励和推荐他们去做官。孔子让他的学生漆雕开去做官,但漆雕开感到尚未达到"学而优"的程度,急于做官还没有把握,他想继续学礼,晚点去做官,所以孔子很高兴。

子曰:"道不行,乘桴浮于海①。从我者②,其由与③!"子路闻之喜。子曰:"由也! 好勇过我,无所取材④。"

要点注释

①**桴**(fú 扶):用竹或木编成当船用的水上交通工具,大的叫"筏",小一点的叫"桴"。 ②**从**:跟从,跟随。 ③**其**:语助词,表示揣测,大概,可能。 **与**:同"欤",语助词,表疑问,与"乎"同。 ④**材**:同"哉",语助词。一说,同"才",才能,本领。另说,同"裁",裁度事理。

参考译文

孔子说:"我的主张在这里得不到实行,我打算乘木筏漂到海外去。 能跟随我的人,可能只有仲由吧!"子路听了这话很高兴。 孔子却说:"仲由啊，争强好勇你超过了我，其他方面没有什么可取的。"

精彩评点

孔子在当时的历史背景下，极力推行他的礼制、德政主张。但他也担心自己的主张行不通，打算适当的时候乘筏到海外去。他认为子路有勇，可以跟随他一同前去，但同时又指出子路的不足乃在于仅有勇而已。

孟武伯问："子路仁乎？"子曰："不知也。"又问。子曰："由也，千乘之国，可使治其赋也①，不知其仁也。""求也何如？"子曰："求也，千室之邑②，百乘之家③，可使为之宰也④，不知其仁也。""赤也何如⑤？"子曰："赤也，束带立于朝⑥，可使与宾客言也，不知其仁也。"

要点注释

①**治其赋**：古代以田赋地税出兵役，故称兵为赋。治其赋，含有负责管理军事政治的意思。 ②**邑**：古代居民的聚居点，相当于后世的城镇，周围的土地也归属于邑。邑，又可分为"公邑"、"采邑"。"公邑"，是直辖于诸侯的领地属地；"采邑"，是由诸侯分封给所属的卿、大夫的领地。文中"千室之邑"，指的是居有一千户人家的城邑，当指"公邑"。 ③**家**：指的是卿、大夫的采地食邑。家，可设"家臣"，以管理政务。 ④**宰**：最早的意思是奴隶的总管。后来是官吏的通称。邑的行政长官也称宰（相当于县长）。 ⑤**赤**：姓公西，名赤，字子华，鲁国人。公元前509年生，卒年不详。孔子的弟子。 ⑥**束带**：整理衣服，扎好衣带。这里指穿上礼服去上朝。

参考译文

孟武伯问："子路能做到仁吗？"孔子说："不知道。"孟武伯又问了一遍。 孔子说："仲由啊，在一个具备千辆兵车的国家里，可以让他管理赋税，掌握军政，但是我不知道他能不能做到仁。"孟武伯问："冉求怎么样？"孔子说："冉求啊，可以让他在一个有一千户人家的公邑，或在有一百辆兵车的采邑里，担任总管。 但是我不知道他能不能做到仁。"孟武伯问："公西赤怎么样？"孔子说："公西赤啊，可以让他穿上礼服，系上袍带，站在朝廷大堂上，接待宾客，但是我也不知道他能不能做到仁。"

子谓子贡曰："女与回也①，孰愈②？"对曰："赐也何敢望回③？回也闻一以知十，赐也闻一以知二。"子曰："弗如也④，吾与女，弗如也⑤。"

要点注释

①女：汝，你。　②孰：谁。　愈：胜过，更好，更强。　③望：比。　④弗：不。　⑤与：动词，赞同，同意。

参考译文

孔子问子贡说："你与颜回相比，谁更强一些？"子贡回答说："我怎么敢同颜回比呢？颜回听到一件事可以推知十件事，我听到一件事只能推知两件事。"孔子说："你是不如他，我赞同你的话，你是不如他。"

精彩评点

颜回是孔子最得意的学生之一。他勤于学习，而且肯独立思考，能做到闻一知十，推知全体，融会贯通。所以，孔子对他大加赞扬。而且，希望他的其他弟子都能像颜回那样，刻苦学习，举一反三，由此及彼，在学业上尽可能地事半功倍。

宰予昼寝。子曰："朽木不可雕也，粪土之墙不可杇也①。于予与何诛②？"子曰："始吾于人也，听其言而信其行；今吾于人也，听其言而观其行。于予与改是③。"

要点注释

①杇（wū 污）：同"圬"，本指用灰泥抹墙的工具，俗称"抹子"。这里作动词用，指粉刷墙壁。　②与：同"欤"，语气词，在这里表停顿。　诛：谴责，责备，指责。　③是：代词，此，这。在这里指代观察人的方法。

参考译文

宰予白天睡大觉。　孔子说："真像是腐朽的木头不能再雕刻什么了，粪土一样的墙壁不能再粉刷了。　对于宰予这个人，何必再谴责他呢？"孔子又说："开始时，我看一个人，是听了他的话便相信他的行为；现在，我看一个人，是听了他的话还要观察他的行为。　宰予这个人使我改变了观察人的方法。"

子曰："吾未见刚者。"或对曰："申枨①。"子曰："枨也欲②，焉得刚？"

要点注释

①申枨（chéng 成）：姓申，名枨，字周，鲁国人。孔子的弟子。一说，就是申党（见《史记·仲尼弟子列传》）。另作"申棠"。　②欲：欲望。

参考译文

孔子说："我没见过刚强不屈的人。"有人回答："申枨是刚强的人。"孔子说："申枨啊，个人欲望太多，怎么能刚强？"

精彩评点

孔子向来认为，一个人的欲望多了，他就会违背周礼。从这一章来看，人的欲望过多不仅做不到"义"，甚至也做不到"刚"。孔子不普遍地反对人们的欲望，但如果想成为有崇高理想的君子，那就要舍弃各种欲望，一心向道。

子贡曰："我不欲人之加诸我也①，吾亦欲无加诸人。"子曰："赐也，非尔所及也②。"

要点注释

①诸："之于"的合音。　②尔：你。

参考译文

子贡说："我不愿别人把某事强加给我，我也愿意不把事情强加给别人。"孔子说："端木赐呀，这不是你所能做到的。"

子贡曰："夫子之文章①，可得而闻也；夫子之言性与天道②，不可得而闻也。"

要点注释

①文章：指礼乐法度、诗、书、史等各种学问。　②性：人的自然本性。　天道：天命。这里指自然万物和人类社会的吉凶祸福的关系。

参考译文

子贡说："老师讲诗书礼乐方面的学问，我们可以听到领会到；老师关于人性和天道的论述，我们只能听到却领会不到。"

精彩评点

在子贡看来，孔子所讲的礼乐诗书等具体知识是有形的，只靠耳闻就可以学到了，但关于人性与天道的理论，深奥神秘，不是通过耳闻就可以学到的，必须从事内心的体验，才有可能把握得住。

子路有闻,未之能行,唯恐有闻①。

◆要点注释◆

①有:同"又"。

◆参考译文◆

子路听到某一道理,在还没实行的时候,唯恐又听到另一道理。

子贡问曰:"孔文子何以谓之'文'也①?"子曰:"敏而好学,不耻下问,是以谓之'文'也。"

◆要点注释◆

①孔文子:卫国的执政上卿,姓孔,名圉(yǔ 雨),字仲叔。"文",是谥号。古代,帝王、贵族、大臣等死后,根据他生前的品德、事迹所给予的表示褒贬的称号称谥号。"子",是对孔圉的尊称。孔圉死于鲁哀公十五年(公元前480年)。

◆参考译文◆

子贡问道:"孔文子的谥号为什么称'文'呢?"孔子说:"他做事勤敏又好学,不把向地位比他低,学说比他浅的人请教当作是可耻的,所以得谥为'文'。"

子谓子产①:"有君子之道四焉:其行己也恭,其事上也敬,其养民也惠,其使民也义。"

◆要点注释◆

①子产:名侨,字子产,郑国大夫,是郑穆公的孙子,公子发之子,担任过正卿(相当于宰相)。生年不详,卒于公元前522年。是春秋末期杰出政治家。他在郑简公、郑定公时,执政二十二年,有过许多改革措施,因而得到百姓的拥护。当时曾被孔子称为"仁人"、"惠人"。

◆参考译文◆

孔子说到子产:"他具有君子的四种道德:在行为方面,他自己很庄重,谦逊谨慎;他事奉君主,很恭敬顺从;他对待百姓,注意给予恩惠利益;他役使百姓,注意合乎义理。"

精彩评点

本章孔子讲的君子之道，就是为政之道。子产在郑简公、郑定公之时执政22年。其时，于晋国当悼公、平公、昭公、顷公、定公五世，于楚国当共王、康王、郏敖、灵王、平王五世，正是两国争强、战乱不息的时候。郑国地处要冲，而周旋于这两大国之间，子产却能不低声下气，也不妄自尊大，使国家得到尊敬和安全，的确是中国古代一位杰出的政治家和外交家。孔子对子产的评价甚高，认为治国安邦就应当具有子产的这四种道德。

子曰："晏平仲善与人交^①，久而敬之^②。"

要点注释

①晏平仲：姓晏，名婴，字仲。夷维（今山东省高密县）人。齐国大夫，历任灵公、庄公、景公三世，曾任宰相，是当时著名政治家。生年不详，卒于公元前500年。死后，谥号为"平"，故称他"晏平仲"。传世有《晏子春秋》，系战国时人收集晏婴的言行编辑而成。善：在某一方面具有特长，擅长，长于。 ②之：代词，代晏婴。一说，"之"指代朋友。此句意思是：晏婴与友处久，仍敬友如新。

参考译文

孔子说："晏平仲善于同别人交往，相处愈久，别人愈尊敬他。"

精彩评点

孔子在这里称赞齐国大夫晏婴，认为他与人为善，能够获得别人对他的尊敬，这是很不容易的。孔子这里一方面是对晏婴的称赞，另一方面则是希望他的学生，向晏婴学习，做到"善与人交"，互敬互爱，成为有道德的人。

子曰："臧文仲居蔡^①，山节藻棁^②，何如其知也^③？"

要点注释

①臧文仲：鲁国的大夫，姓臧孙，名辰，字仲。生年不详，卒于公元前617年。死后谥号"文"。曾被孔子批评为"不仁""不智"。 居蔡："蔡"，春秋时的蔡国，在今河南省上蔡、新蔡一带。蔡国出产大乌龟。据《淮南子·说山训》："大蔡神龟，出于沟壑。"这里用"蔡"代指大乌龟。"居"，居处，房子。这里用作动词。古代常用乌龟壳来占卜吉凶，"居蔡"是指为大乌龟盖上房子藏起来以备占卜用。 ②山节藻棁："节"，是房柱子头上的斗拱；"山节"，是把斗拱雕刻成

山的形状。"藻",是水草;"棁(zhuó 桌)",是房子大梁上的短柱;"藻棁",是把短柱上画上花草图案。山节藻棁,也就是俗说的"雕梁画栋",是古代建筑物的豪华装饰,只有天子才能把大乌龟壳藏在如此豪华的房屋里。臧文仲也这样做,显然是"越礼"行为。 ③何如:如何,怎么。 知:同"智",明智,懂事理。

参考译文

孔子说:"臧文仲为大乌龟盖了房子,把房子的斗拱雕成山形,房梁短柱上画了水草,装饰得像天子奉祖宗的庙一般,这个人怎么能说是明智呢?"

精彩评点

臧文仲在当时被人们称为"智者",但他对礼则并不在意。他不顾周礼的规定,竟然修建了藏龟的大屋子,装饰成天子宗庙的式样,这在孔子看来就是"越礼"之举了。所以,孔子指责他"不仁"、"不智"。

雍也篇第六

文题背景

本篇共包括30章。其中著名文句有:"贤哉回也,一箪食,一瓢饮,在陋巷";"质胜文则野,文胜质则史,文质彬彬,然后君子";"知之者不如好之者,好之者不如乐之者";"敬鬼神而远之";"己欲立而立人,己欲达而达人。"本篇里有数章谈到颜回,孔子对他的评价甚高。此外,本篇还涉及"中庸之道"、"恕"的学说、"文质"思想,同时,还包括如何培养"仁德"的一些主张。

子曰:"雍也,可使南面①。"

要点注释

①南面:就是脸朝南。古代以坐北朝南为尊位、正位。从君王、诸侯、将、相到地方军政长官,坐堂听政,都是面南而坐。

参考译文

孔子说:"冉雍啊,可以让他坐尊位做卿大夫。"

精彩评点

古代以面向南为尊位，天子、诸侯和官员听政都是面向南面而坐。所以这里孔子是说可以让冉雍去从政做官治理国家。在《先进》篇里，孔子将冉雍列在他的第一等学科"德行"之内，认为他已经具备为官的基本条件。这是孔子实行他的"学而优则仕"这一教育方针的典型事例。

仲弓问子桑伯子①。子曰："可也，简②。"仲弓曰："居敬而行简③，以临其民④，不亦可乎？居简而行简，无乃大简乎⑤？"子曰："雍之言然。"

要点注释

①**仲弓**：就是冉雍。　**子桑伯子**：人名。其身世情况不详。有的学者认为，子桑伯子是鲁国人，即《庄子》中所说的"子桑户"，与"琴张"为友。又有人以为是秦穆公时的"子桑"（公孙枝）。但皆无确考。　②**简**：简单，简约，不烦琐。
③**居**：平时的做人，为人，居心。　④**临**：面对，面临。这里含有治理的意思。
⑤**无乃**：岂不是，难道不是。　**大**：同"太"。

参考译文

仲弓问子桑伯子这个人怎么样。　孔子说："还可以，他处理事情不繁琐。"仲弓说："为人严肃认真，严格要求自己，又办事简约，用这样的方法去治理百姓，不也是可以的吗？但是存心简单，又行事简易，如果那样岂不是太简单化了吗？"孔子说："冉雍，你的话是对的。"

精彩评点

孔子主张办事简明扼要，不烦琐，不拖拉，果断利落。不过，任何事情都不可太过分。如果在办事时，一味追求简约，却马马虎虎，就有些不够妥当了。所以，孔子听完仲弓的话以后，认为仲弓说得很有道理。

哀公问："弟子孰为好学？"孔子对曰："有颜回者好学，不迁怒①，不贰过②。不幸短命死矣。今也则亡③，未闻好学者也。"

要点注释

①**迁怒**：指自己不如意时，对别人发火生气；或受了甲的气，却转移目标，拿乙去出气。"迁"，转移。　②**贰**：二，再一次，重复。　③**亡**：同"无"。

参考译文

鲁哀公问孔子："你的学生中谁是爱好学习的呢?"孔子回答说:"有一个叫颜回的,很好学,他从来不拿别人出气,不犯同样的过错。但不幸短命死了。现在就没有那样的人了,没听到有好学的人啊。"

精彩评点

这里,孔子极为称赞他的得意门生颜回,认为他好学上进,自颜回死后,已经没有如此好学的人了。在孔子对颜回的评价中,他特别谈到不迁怒、不贰过这两点,也从中可以看出孔子教育学生,重在培养他们的道德情操。这其中包含有深刻的哲理。

子华使于齐①,冉子为其母请粟②。子曰:"与之釜③。"请益④。曰:"与之庾⑤。"冉子与之粟五秉⑥。子曰:"赤之适齐也⑦,乘肥马,衣轻裘⑧。吾闻之也,君子周急不继富⑨。"

要点注释

①**子华**:即公西赤。 ②**冉子**:即冉求。"子"是后世记录孔子和他的弟子的言行时加上的尊称。 **粟**:谷子,小米。 ③**釜**(fǔ 府):古代容量名。一釜当时合六斗四升。 ④**益**:增添,增加。 ⑤**庾**(yǔ 雨):古代容量名。一庾合当时二斗四升,约合现在四升八合。一说,一庾当时合十六斗,约合现在三斗二升。 ⑥**秉**(bǐng 饼):古代容量名。一秉合十六斛,一斛合十斗。"五秉",就是八百斗(八十石)。约合现在十六石。 ⑦**适**:往,去。 ⑧**衣**(yì 义):作动词,穿。 ⑨**周**:周济,救济。继:接济,增益。

参考译文

子华出使去齐国,冉求代他母亲请养米。孔子说:"给他一釜吧。"冉求请求再多给些。孔子说:"再给他一庾吧。"冉求却给了他母亲五秉。孔子说:"公西赤到齐国去,乘坐肥马驾的车,身穿又轻又暖的皮衣。我听说过,君子应周济急需帮助的人,而不应救济那些富人。"

原思为之宰①,与之粟九百②,辞。子曰:"毋③!以与尔邻里乡党乎④!"

要点注释

①**原思**:姓原,名宪,字子思,鲁国人(一说,宋国人)。孔子的弟子。生于公

元前515年,卒年不详。孔子在鲁国任司寇(司法官员)时,原思在孔子家做过总管(家臣)。孔子死后,原思退隐,居卫国。 **之:** 指代孔子。 ②**之:** 代指原思。 **九百:** 九百斗。一说,指九百斛,则是九百石。不可确考。 ③**毋:** 不要,勿。 ④**邻里乡党:** 古代以五家为邻,二十五家为里,五百家为党,一万二千五百家为乡。这里泛指原思家乡的人们。

◇参考译文◇

原思为孔子家做总管,孔子给他小米九百斗,原思推辞不要。 孔子说:"不要推辞! 拿给你乡的人们吧!"

◇精彩评点◇

以"仁爱"之心待人,这是儒家的传统。孔子提倡周济贫困者,是极富同情心的做法。这与上一章的内容可以联系起来思考。

子谓仲弓曰:"犁牛之子骍且角①,虽欲勿用,山川其舍诸②?"

◇要点注释◇

①**"犁牛"句:** "犁牛",杂色的耕牛。"子",指小牛犊。"骍(xīng 星)",赤色牛。周代崇尚赤色,祭祀用的牛,要求是长着红毛和端正的长角的牛,不能用普通的耕牛来代替。这里用"犁牛之子",比喻冉雍(仲弓)。据说冉雍的父亲是失去贵族身份的"贱人",品行也不好。孔子认为,冉雍德行才学都好,子能改父之过,变恶以为美,是可以做大官的(当时冉雍担任季氏的家臣)。 ②**山川:** 指山川之神。这里比喻君主或贵族统治者。 **其:** 表示反问的语助词。怎么会,难道,哪能。 **舍:** 舍弃,不用。

◇参考译文◇

孔子讲到仲弓时说:"耕牛生的一个小牛犊,长着整齐的红毛和周正的硬角,人们虽然不想用它作为牺牲祭品,山川之神怎么会舍弃它呢?"

子曰:"回也,其心三月不违仁①,其余则日月至焉而已矣②。"

◇要点注释◇

①**三月:** 不是具体指三个月,而是泛指较长的时间。 ②**日月:** 一天,一月。泛指较短的时间,偶尔。 **至:** 达到,做到。

孔子说："颜回啊，他的思想可以在长时间内不违背仁德，其余的弟子们只能在短时间内做到仁德而已。"

颜回是孔子的得意门生,他对孔子以"仁"为核心的思想有深入的理解,而且将"仁"贯穿于自己的行动与言论当中。所以,孔子赞扬他"三月不违仁",而别的学生"则日月至焉而已。"

季康子问①:"仲由可使从政也与?"子曰:"由也果,于从政乎何有②?"曰:"赐也可使从政也与?"曰:"赐也达,于从政乎何有?"曰:"求也可使从政也与?"曰:"求也艺,于从政乎何有?"

①**季康子**:季桓子之子,公元前492年继其父任鲁国正卿。孔子的弟子冉求,曾帮助季康子推行革新。　②**何有**:有何困难。

季康子问孔子:"仲由可以让他做官从政吗?"孔子说:"仲由果断勇敢,对于从政有什么困难呢?"季康子说:"端木赐,可以让他做官从政吗?"孔子说:"端木赐通达事理,对于从政有什么困难呢?"季康子说:"冉求,可以让他做官从政吗?"孔子说:"冉求,多有才能,对于从政有什么困难呢?"

端木赐、仲由和冉求都是孔子的学生,他们在从事国务活动和行政事务方面,都各有其特长。孔子所培养的人才,就是要能够辅佐君主或大臣从事政治活动。在本章里,孔子对他的三个学生都给予较高评价,认为他们已经具备了担任重要职务的能力。

季氏使闵子骞为费宰①。闵子骞曰:"善为我辞焉!如有复我者,则吾必在汶上矣②。"

①**闵子骞**(qiān 千):姓闵,名损,字子骞。鲁国人。公元前536年生,公元

前487年卒（一说，公元前515—？）。孔子早年的弟子。相传是有名的孝子，受到孔子的赞赏。其德行与颜渊并称于世。　费：此读bì，音毕，是季氏的封邑，在今山东省费县西北（故城在平邑县东南七十里）。因为季氏不归顺鲁国，他的封邑的总管（邑宰，相当于一个县长）经常同他作对，所以，他想请闵子骞去做费宰。　②在汶上："汶（wèn 问）"，今山东省的大汶河。当时汶水在齐国的南面，鲁国的北面，流经齐鲁之间。在汶上，就是在汶水之上（汶水以北），暗指要由鲁国去齐国，不愿为季氏做事。宋代朱熹在《四书集注》中议论闵子骞：处乱世，遇恶人当政，"刚则必取祸，柔则必取辱"，走到他处以保存自己，这种做法是可取的。

参考译文

季氏派人去请闵子骞担任费邑的行政长官。　闵子骞对来的人说："请好好地代我婉言谢绝吧！如果第二次再来找我，那我必定是在汶河以北了。"

伯牛有疾①，子问之，自牖执其手②，曰："亡之，命矣夫③！斯人也而有斯疾也，斯人也而有斯疾也！"

要点注释

①伯牛：姓冉，名耕，字伯牛，鲁国人。孔子的弟子。孔子任鲁国司寇时，冉伯牛曾任中都宰，有德行。传说他患的是"癞病"（即麻疯病），当时为不治之症。　②牖（yǒu 友）：窗户。　③夫（fú 扶）：语气助词，表示感叹，相当于"吧"、"啊"。

参考译文

伯牛有病，孔子去探望，从窗口握着伯牛的手，说："要永别了，是命运吧！这样好的人竟有了这样的病啊！这样好的人竟有了这样的病啊！"

子曰："贤哉，回也！一箪食①，一瓢饮，在陋巷，人不堪其忧，回也不改其乐。贤哉，回也！"

要点注释

①箪（dān 丹）：古时盛饭食用的一种圆形竹器。　食（sì 四）：饭。

参考译文

孔子说："品德好呀，颜回啊！一竹筒子饭，一瓢水，住在简陋狭小的巷子里，一般人都忍受不了这种困苦忧愁，颜回却不改变他爱学乐善的快乐。 品德好呀，颜回啊！"

精彩评点

本章中，孔子又一次称赞颜回，对他作了高度评价。这里讲颜回"不改其乐"，这也就是贫贱不能移的精神，这里包含了一个具有普遍意义的道理，即人总是要有一点精神的，为了自己的理想，就要不断追求，即使生活清苦困顿也自得其乐。

冉求曰："非不说子之道①，力不足也。"子曰："力不足者，中道而废，今女画②。"

要点注释

①说：同"悦"，喜欢，爱慕。 ②女：同"汝"，你。 画：画线为界。画地以自限，则止而不进。

参考译文

冉求对孔子说："我并非不喜欢您的道理，而是我的力量不够。"孔子说："力量不够，走到中途力量用尽不得已就会停止，但现在你是给自己画了一条截止的界线停止向前起啊！。"

精彩评点

从本章里孔子与冉求师生二人的对话来看，冉求对于学习孔子所讲授的理论产生了畏难情绪，认为自己的能力不够，在学习过程中感到非常吃力。但孔子认为，冉求并非能力的问题，而是他思想上的畏难情绪作怪，所以对他提出批评。

子谓子夏曰："女为君子儒①，无为小人儒。"

要点注释

①女：你。 君子儒："儒"古时本指为人们主持办理喜事丧事礼节仪式的一种专门职业，即赞礼者(也称"相")。"君子儒"，指通晓周礼典章制度，道德品质、人格高尚的儒者；反之，就是"小人儒"。

参考译文

孔子对子夏说："你要做君子式的儒者，不要做小人式的儒者。"

精彩评点

在本章中,孔子提出了"君子儒"和"小人儒"的区别,要求子夏做君子儒,不要做小人儒。"君子儒"是指地位高贵、通晓礼法,具有理想人格的人;"小人儒"则指地位低贱,不通礼仪,品格平庸的人。

子游为武城宰①。子曰:"女得人焉耳乎②?"曰:"有澹台灭明者③,行不由径④,非公事,未尝至于偃之室也⑤。"

要点注释

①**武城**:鲁国的城邑。即今山东省嘉祥县。一说,武城在山东省费县西南。
②**焉耳**:犹言"于此"。"耳",同"尔"。 ③**澹(tán 谈)台灭明**:姓澹台,名灭明,字子羽,武城人。为人公正,后来成为孔子的弟子。传说澹台灭明状貌甚丑,孔子曾以为他才薄。而后,澹台灭明受业修行,名闻于世。孔子叹说:"吾以貌取人,失之子羽。" ④**径**:小路,捷径。引申为正路之外的邪路。 ⑤**偃**:即子游,姓言名偃,字子游。这里是子游自称。

参考译文

子游任武城县官。 孔子说: "在你管的地区你得到什么人才了吗?"子游说: "有个名叫澹台灭明的人,从不走小道捷径,不是为公事,从不到我的居室来。"

子曰:"孟之反不伐①。奔而殿②,将入门,策其马③,曰:'非敢后也,马不进也。'"

要点注释

①**孟之反**:姓孟,名侧,字之反。鲁国的大夫。 **伐**:夸耀功劳。 ②**奔**:败走。 **殿**:殿后,即行军走在最后。鲁哀公十一年(公元前484年),齐国进攻鲁国,鲁迎战,季氏宰冉求所率领的右翼军队战败。撤退时,众军争先奔走,而孟之反却在最后作掩护。故孔子称赞孟之反:人有功不难,不夸功为难。 ③**策**:此作动词,鞭打。

参考译文

孔子说:"孟之反不夸耀自己。 败退时,他留在最后面作掩护,将要进城门时,他鞭打了一下自己的马,说:'不是我勇敢要殿后,是马跑不快啊。'"

精彩评点

公元前484年,鲁国与齐国打仗。鲁国右翼军败退的时候,孟之反在最后掩护败退的鲁军。对此,孔子给予了高度评价,宣扬他提出的"功不独居,过不推诿"的学说,认为这是人的美德之一。

子曰:"不有祝鲍之佞①,而有宋朝之美②,难乎免于今之世矣。"

要点注释

①祝鲍(tuó 驼):姓祝,名鲍,字子鱼。卫国的大夫。因他擅长外交辞令,能言善辩,而又会阿谀逢迎,受到卫灵公的重用。 ②宋朝:宋国的公子朝,貌美闻名于世。《左传·昭公二十年》及《定公十四年》记述公子朝与襄夫人宣姜私通,并参与发动祸乱,出奔到卫国。又以貌美,与卫灵公夫人南子私通,而受到宠幸。

参考译文

孔子说:"如果没有祝鲍的能言善辩,而反有宋朝的美貌,是难以在当今之世免遭灾祸的。"

子曰:"谁能出不由户①? 何莫由斯道也②?"

要点注释

①户:门。 ②何莫:为什么没有。 斯道:这条路。指孔子所主张的仁义之道。

参考译文

孔子说:"谁能外出而不经过屋门呢? 为何没有人由我指出的这条道走呢?"

精彩评点

孔子这里所说的,其实仅是一个比喻。他所宣扬的"德治"、"礼制",在当时有许多人不予重视,他内心感到很不理解。所以,他发出了这样的疑问。

子曰:"质胜文则野①,文胜质则史②。文质彬彬③,然后君子。"

要点注释

①质:质地,质朴、朴实的内容,内在的思想感情。孔子认为,仁义是质。

文:文采,华丽的装饰,外在的礼仪。孔子认为,礼乐是文。 ②史:本义是宗庙里掌礼仪的祝官,官府里掌文书的史官。这里指像"史"那样,言辞华丽,虚浮铺陈,心里并无诚意。含有浮夸虚伪的贬义。 ③彬彬:文质兼备相称;文与质互相融和,配合恰当。

参考译文

孔子说:"内在的质朴胜过外在的文采,就未免粗野;外在的文采胜过内在的质朴,就未免浮夸虚伪。 只有把文采与质朴配合恰当,然后才能成为君子。"

子曰:"人之生也直①,罔之生也幸而免②。"

要点注释

①直:正直,无私曲。 ②罔(wǎng 往):欺骗,不直。指不正直的人。

参考译文

孔子说:"一个人能生存,是由于正直;不正直的人也能生存,不过是由于侥幸而避免了祸患。"

精彩评点

"直",是儒家的道德规范。直即直心肠,意思是耿直、坦率、正直、正派,同虚伪、奸诈是对立的。直人没有那么多坏心眼。直,符合仁的品德。与此相对,在社会生活中也有一些不正直的人,他们也能生存,甚至活得更好,这只是他们侥幸地避免了灾祸,并不说明他们的不正直有什么值得效法的。

子曰:"知之者不如好之者,好之者不如乐之者。"

参考译文

孔子说:"对任何事业懂得它的人,不如爱好它的人;爱好它的人,不如以实行它为快乐的人。"

精彩评点

孔子在这里没有具体指懂得什么,看来是泛指,包括学问、技艺等。有句话说:兴趣是最好的导师,大概说的就是这个意思。

子曰:"中人以上,可以语上也①;中人以下,不可以语上也。"

要点注释

①语(yù遇)：告诉，说。

参考译文

孔子说："对有中等水平以上才智的人，可以讲高深的知识学问；对中等水平以下才智的人，不可以讲那些高深的知识学问。"

精彩评点

孔子向来认为，人的智力从出生就有聪明和愚笨的差别，即上智、下愚与中人。既然人有这么大的差距，那么，孔子在教学过程中，就提出"因材施教"的原则，这是他教育思想的一个重要内容，即根据学生智力水平的高低来决定教学内容和教学方式，这对我国教育学的形成和发展作出积极贡献。

樊迟问知①，子曰："务民之义②，敬鬼神而远之，可谓知矣。"问仁，曰："仁者先难而后获，可谓仁矣。"

要点注释

①知：同"智"，聪明，智慧。　②务：从事于，致力于，一心一意去专力倡导。

参考译文

樊迟问怎样才算是聪明，孔子说："专心致力于倡导老百姓应该遵从的仁义道德，尊敬鬼神但要远离它，不可沉迷于靠鬼神求福，就可以说是聪明了。"樊迟又问怎样才是仁德，孔子说："有仁德的人，对艰难的事抢在别人前面做，对能获得奖赏的事便退居在别人的后面，这样才可以算得上有仁德。"

精彩评点

本章提出了"智、仁"等重大问题。面对现实，以回答现实的社会问题、人生问题为中心，这是孔子思想的一个突出特点。他还提出了"敬鬼神而远之"的主张，否定了宗法传统的神权观念，他不迷信鬼神，自然也不主张以卜筮向鬼神问吉凶。所以，孔子是力求以实事求是的态度否定鬼神作用的。

子曰："知者乐水①，仁者乐山②。知者动，仁者静。知者乐，仁者寿。"

要点注释

①知者乐水：水流动而不板滞，随岸赋形，与智者相似，故曰。　②仁者乐

山：山形巍然，屹立而不动摇，与仁者相似，故曰。

参考译文

孔子说："聪明智慧的人爱水，有仁德的人爱山。 聪明智慧的人活跃，有仁德的人沉静。 聪明智慧的人常乐，有仁德的人长寿。"

精彩评点

孔子这里所说的"智者"和"仁者"不是一般人，而是那些有修养的"君子"。他希望人们都能做到"智"和"仁"，只要具备了这些品德，就能适应当时社会的要求。

述而篇第七

文题背景

本篇它包括以下几个方面的主要内容："学而不厌，诲人不倦"；"饭疏食，饮水，曲肱而枕之，乐在其中"；"发愤忘食，乐以忘忧，不知老之将至"；"三人行必有我师"；"君子坦荡荡，小人长戚戚"；"子温而厉，威而不猛，恭而安。"本章提出了孔子的教育思想和学习态度，孔子对仁德等重要道德范畴的进一步阐释，以及孔子的其他思想主张。

子曰："述而不作①，信而好古，窃比于我老彭②。"

要点注释

①述：传述，阐述。 作：创造，创作。 ②窃：私下，私自。第一人称的谦称。 我老彭："老彭"，指彭祖，传说姓篯(jiān 坚)，名铿，是颛顼(五帝之一)之孙陆终氏的后裔，封于彭城(今徐州)，仕虞、夏、商三代，至殷王时已七百六十七岁(一说长寿达八百岁)。彭祖是有名的贤大夫，自少爱恬静养生，观览古书，好述古事(见《神仙传》、《列仙传》、《庄子》)。"老彭"前加"我"，是表示了孔子对"老彭"的尊敬与亲切，如同说"我的老彭"。一说，"老彭"指老子和彭祖两个人。

参考译文

孔子说："只传述旧的文化典籍而不创作新的，相信而且喜爱古代的文化，我把自己比作老彭。"

精彩评点

在这一章里，孔子提出了"述而不作"的原则，这反映了孔子思想上保守的一面。完全遵从"述而不作"的原则，那么对古代的东西只能陈陈相因，就不再会有思想的创新和发展。这种思想在汉代以后开始形成古文经学派，"述而不作"的治学方式，对于中国人的思想有一定程度的局限作用。

子曰："默而识之①，学而不厌②，诲人不倦③，何有于我哉④？"

要点注释

①**识**（zhì 志）：牢记，记住。潜心思考，加以辨别，存之于心。　②**厌**：同"餍"。本义是饱食。引申为满足，厌烦。　③**诲**（huì 会）：教诲，教导，诱导。
④**"何有"句**：即"于我何有哉"。这是孔子严格要求自己的谦虚之词，意思说：以上那几方面，我做到了哪些（一说，还有什么困难或遗憾）呢？

参考译文

孔子说："默默地记住所见所闻所学的知识，学习永不满足，耐心地教导别人而不倦怠，这三方面我做到了哪些呢？"

精彩评点

这一章紧接前一章的内容，继续谈论治学的方法问题。前面说他本人"述而不作，信而好古"，此章则说他"学而不厌，诲人不倦"；反映了孔子教育方法的一个侧面。这对中国教育思想的形成与发展产生了很大的影响，以至于在今天，我们仍在宣传他的这一教育学说。

子曰："德之不修，学之不讲，闻义不能徙①，不善不能改②，是吾忧也。"

要点注释

①**义**：这里指正义的、合乎道义义理的事。　**徙**（xǐ 喜）：本义是迁移。这里指徙而从之，使自己的所做所为靠近义，做到实践义，走向义。　②**不善**：不好。指缺点，错误。

参考译文

孔子说："品德不加以修养，学问不勤于研究，听到了义却不能去做，对缺点错误不能改正，这些都是我所忧虑的。"

精彩评点

春秋末年,天下大乱。孔子慨叹世人不能自见其过而自责,对此,他万分忧虑。他把道德修养、读书学习和知错即改三个方面的问题相提并论,在他看来,三者之间也有内在联系,因为进行道德修养和学习各种知识,最重要的就是要能够及时改正自己的过失或"不善",只有这样,修养才可以完善,知识才可以丰富。

子之燕居①,申申如也②,夭夭如也③。

要点注释

①燕居:"燕",同"宴"。安逸,闲适。燕居,指独自闲暇无事的时候的安居、家居。 ②申申:衣冠整齐,容貌舒展安详的样子。 如也:像是……的样子。 ③夭夭(yāo 腰):脸色和悦愉快,斯文自在,轻松舒畅的样子。

参考译文

孔子在家闲居,衣冠整齐,容貌舒展安详,脸色显出和悦轻松的样子。

子曰:"甚矣,吾衰也,久矣,吾不复梦见周公①。"

要点注释

①周公:姓姬,名旦。是周文王(姬昌)的儿子,周武王(姬发)的弟弟,周成王(姬诵)的叔叔,也是鲁国国君的始祖。传说周公是西周政治礼乐、典章制度的制定者,他辅佐周成王,安天下,有德政,是孔子所崇尚的先圣先贤之一。孔子从年轻时就欲行周公之道,但壮志至老未酬。这里表现了孔子对心有余而力不足,政治抱负已无可能实现的慨叹。

参考译文

孔子说:"我衰老得很严重啊,好久好久啊我没再梦见周公了。"

精彩评点

周公是中国古代的"圣人"之一,孔子自称他继承了自尧舜禹汤文武周公以来的道统,肩负着光大古代文化的重任。这句话,表明了孔子对周公的崇敬和思念,也反映了他对周礼的崇拜和拥护。

子曰:"志于道,据于德,依于仁,游于艺①。"

要点注释

①游：这里有玩习，熟悉的意思。　艺：六艺。指礼（礼节），乐（音乐），射（射箭），御（驾车），书（写字），数（算术）。孔子用这六个方面的知识技艺来培养教授学生。

参考译文

孔子说："以道为志向，以德为根据，以仁为凭借，以六艺为活动范围。"

精彩评点

《礼记·学记》曾说："不兴其艺，不能乐学。故君子之于学也，藏焉，修焉，息焉，游焉。夫然，故安其学而亲其师，乐其及而信其道，是以虽离师辅而不反也。"这个解释阐明了这里所谓的"游于艺"的意思。孔子培养学生，就是以仁、德为纲领，以六艺为基本，使学生能够得到全面均衡的发展。

子曰："自行束脩以上①，吾未尝无诲焉②。"

要点注释

①行：实行，做到。　束脩："脩（xiū 休）"，干肉。束脩，是捆在一起的一束干肉。每束十条。古代人们常用来作为见面的薄礼。　②未尝：未曾，从来没有。

参考译文

孔子说："从带着十条干肉为礼来求见起，我从来没有不教诲的。"

精彩评点

这一章中孔子所说的这段话，表明了他诲人不倦的精神，也反映了他"有教无类"的教育思想。

子曰："不愤不启①，不悱不发②，举一隅不以三隅反③，则不复也。"

要点注释

①愤：思考问题有疑难之处，苦思冥想，而仍然没想通，仍然领会不了的样子。　②悱（fěi 匪）：想说而不能明确地表达，说不出来的样子。　③隅（yú 鱼）：角落，角。这里比喻从已知的一点，去进行推论，由此及彼，触类旁通。这句就是成语"举一反三"和"启发"一词的由来。

参考译文

孔子说："教学生不到他苦思冥想而仍领会不了的时候，不去启发他；不到他想说而又说不出来的时候，不去开导他。教给他某一方面，他不能由此推知其他几方面的，我就不再教他了。"

子食于有丧者之侧①，未尝饱也。

要点注释

①有丧者：有丧事的人。指刚刚死去亲属的人家。孔子在有丧事的人面前，因同情失去亲人的人，食欲不振，吃饭无味，故云"未尝饱也"。

参考译文

孔子在有丧事的人旁边吃饭，未曾吃饱过。

子于是日哭①，则不歌。

要点注释

①哭：指给别人吊丧时哭泣。一日之内，由于心里悲痛，余哀未忘，就不会再唱歌了。

参考译文

孔子在那一天吊丧哭泣过，那一天就不再唱歌了。

子谓颜渊曰："用之则行，舍之则藏①，惟我与尔有是夫！"子路曰："子行三军②，则谁与③？"子曰："暴虎冯河④，死而无悔者，吾不与也。必也临事而惧，好谋而成者也。"

要点注释

①舍：不用，舍弃。 ②行：视，居……之位。这里犹言指挥，统帅。 三军：当时一个大国的所有军队。每军一万二千五百人，三军相当于三万七千五百人。 ③与：在一起，共事。 ④暴虎冯河："暴"，徒手搏击。句中指赤手空拳与老虎搏斗。"冯（píng 平）"，涉水。句中指无船而徒步蹚水过大河。暴虎冯河，是用来比喻那种有勇无谋，冒险行事，而往往导致失败的人。

参考译文

孔子对颜渊说："用我，我就去干；不用我，就隐藏起来。只有我和你能够做到这样吧！"子路在一旁插言说："老师您如果统率三军去作战，那么，您要和谁在一起呢？"孔子说："赤手空拳要和老虎搏斗，没有船要蹚水过大河，这样做死了都不知后悔的人，我不和他在一起。我要共事的人必须是遇事小心谨慎，严肃认真，善于筹划谋略而能争取成功的人。"

子曰："富而可求也，虽执鞭之士①，吾亦为之。如不可求，从吾所好②。"

要点注释

①**执鞭之士**：指手里拿着皮鞭的下等差役。当时主要指两种人，一种是市场的守门人，执鞭以维持秩序；一种是为贵族外出时夹道执鞭开路、让行人让道的差役。②**从**：顺从，听从。

参考译文

孔子说："财富如果是可以求得的，就是去当一名手拿皮鞭的下等差役，我也去做。如果不可以求得，我还是做我所爱好做的事。"

精彩评点

孔子在这里又提到富贵与道的关系问题。只要合乎于道，富贵就可以去追求；不合乎于道，富贵就不能去追求。那么，他就去做自己喜欢做的事情。从此处可以看到，孔子不反对做官，不反对发财，但必须符合于道，这是原则问题，孔子表明自己不会违背原则去追求富贵荣华。

子之所慎：齐①，战②，疾③。

要点注释

①**齐**：同"斋"。指古代在祭祀之前虔诚的斋戒。要求不喝酒，不吃荤，不与妻妾同房，沐浴净身，等等，以达到身心的全面整洁。②**战**：战争。因关系国家民族的安危存亡和人民群众的死与伤。③**疾**：疾病。因关系个人的健康与生死。

参考译文

孔子小心谨慎对待的事情是：祭祀之前的斋戒，战争，疾病。

子在齐,闻《韶》①,三月不知肉味②,曰:"不图为乐之至于斯也。"

要点注释

①**韶**:传说是虞舜时创作的乐曲,水平很高,音乐境界很优美。参见前《八佾篇第三》第二十五章注。 ②**三月**:比喻很长时间,不是实指三个月。

参考译文

孔子在齐国,听到了演奏《韶》乐,三个月吃肉都吃不出什么滋味,说:"真料想不到虞舜时创作的音乐竟然达到这么迷人的地步。"

精彩评点

《韶》乐是当时流行于贵族当中的古乐。孔子对音乐很有研究,音乐鉴赏能力也很强,他听了《韶》乐以后,在很长时间内品尝不出肉的滋味,这当然是一种形容的说法,但他欣赏古乐已经到了痴迷的程度,也说明了他在音乐方面的高深造诣。

冉有曰:"夫子为卫君乎①?"子贡曰:"诺②,吾将问之。"入,曰:"伯夷、叔齐何人也?"曰:"古之贤人也。"曰:"怨乎?"曰:"求仁而得仁,又何怨?"出,曰:"夫子不为也。"

要点注释

①**为**:赞成,帮助。 **卫君**:指卫灵公的孙子卫出公,姓蒯(kuǎi 快上声),名辄(zhé 哲)。公元前492年至公元前481年在位。他的父亲蒯聩,本是灵公所立的世子,但因其谋杀卫灵公的夫人南子未成,被灵公驱逐,逃到了晋国。卫灵公死后,蒯辄被立为国君。这时,晋国的赵简子率军又把蒯聩送回卫国,形成父亲同儿子争夺王位的局面。后来蒯聩以武力进攻其子蒯辄,蒯辄出奔。蒯聩得王位,为卫庄公。公元前478年,晋攻卫,蒯聩奔戎州,被戎州人所杀。蒯辄奔宋之后,卒于越。蒯聩、蒯辄父子争位的事,与古代伯夷、叔齐两兄弟互相让位的事,形成了鲜明的对比。本章这段对话,表明孔子赞扬伯夷、叔齐的"礼让为国",而对蒯聩、蒯辄非常不满。 ②**诺**:应答声。

参考译文

冉有问子贡说:"老师会赞成卫国的国君吗?"子贡说:"嗯,我要去问问他。"于是,子贡进屋去,问孔子:"伯夷、叔齐是什么样的人呢?"孔子说:"是古代的贤人。"子贡问:"伯夷、叔齐有怨恨吗?"孔子说:"他们求仁德而得到了仁德,还有什么怨恨呢?"子贡走出屋来对冉有说:"老师不赞成卫国国君。"

子曰："饭疏食^①，饮水，曲肱而枕之^②，乐亦在其中矣。不义而富且贵，于我如浮云。"

要点注释

①**饭**：作动词用。吃。 **疏食**：指粗粮，粗糙的饭食。 ②**肱**（gōng 工）：由肩到胳膊肘这一部位，一般也泛指胳膊。

参考译文

孔子说："吃粗粮，喝白水，弯起胳膊垫着当枕头，乐趣就在其中了。用不义的手段得到富与贵，对于我，那些富贵如同天上的浮云。"

精彩评点

孔子极力提倡"安贫乐道"，认为有理想、有志向的君子，不会总是为自己的吃穿住而奔波的，"饭疏食饮水，曲肱而枕之"，对于有理想的人来讲，可以说是乐在其中。同时，他还提出，不符合于道的富贵荣华，他是坚决不予接受的，对待这些东西，如天上的浮云一般。这种思想深深影响了古代的知识分子，也为一般老百姓所接受。

子曰："加我数年^①，五十以学《易》^②，可以无大过矣。"

要点注释

①**加**：增添，增加。 ②**五十**：五十岁。古人以为五十岁是老年的开始。一说，"五十"是"卒"字之误，在这里用的意思，指学完《易经》。 **易**：又名《周易》，《易经》，古代一本用以占卜、预测吉凶祸福的书。有宗教迷信色彩，但也保存了古代若干朴素辩证法的哲学观点。

参考译文

孔子说："再给我增添几年寿命，到了五十岁学习《易经》，可以不犯大的错误了。"

子所雅言^①，《诗》、《书》、执礼，皆雅言也。

要点注释

①**雅言**：西周的政治中心在今陕西地区，当时称以陕西语音为标准音的"官

话"，为"雅言"。平时讲话，孔子用的是鲁国的地方方言，但在诵《诗》《书》和赞礼(主持仪礼，当司仪)时，则用"雅言"。

参考译文

孔子有时讲官话，读《诗经》，念《尚书》和赞礼时，都是用官话。

叶公问孔子于子路①，子路不对②。子曰："女奚不曰③：其为人也，发愤忘食，乐以忘忧，不知老之将至云尔④。"

要点注释

①**叶(shè 社)公**：姓沈，名诸梁，字子高，楚国的大夫。他的封邑在叶城(今河南省叶县南三十里有古叶城)，为叶尹，故称叶公。 ②**不对**：不回答。"对"，是应答之意。 ③**女**：同"汝"。你。 **奚**：何，为什么。 ④**云尔**：如此而已，罢了。

参考译文

叶公向子路问到孔子，子路没回答。 孔子说："你为什么不说：他的为人啊，发愤时，竟忘记吃饭；快乐时，便忘记忧愁；简直连衰老就会到来也不知道，如此而已。"

子曰："我非生而知之者，好古，敏以求之者也。"

参考译文

孔子说："我不是生下来就有知识的人，而是爱好古代文化，勤奋敏捷地去求得知识的人。"

子不语怪、力、乱、神。

参考译文

孔子不谈论怪异、暴力、悖乱、鬼神一类的事。

精彩评点

孔子大力提倡"仁德"、"礼治"等道德观念，从《论语》书中，很少见到孔子谈论怪异、暴力、悖乱、鬼神，如他"敬鬼神而远之"等。但也不是绝对的。他偶尔谈及这些问题时，都是有条件的，有特定环境的。

子曰:"三人行,必有我师焉。择其善者而从之,其不善者而改之。"

参考译文

孔子说:"如果三个人在一起走,其中必定有可以作为我的老师的人。选择他的优点长处,而跟从学习;看到有什么不好的地方,就反省自己加以改正。

精彩评点

孔子的"三人行,必有我师焉"这句话,受到后代知识分子的极力赞赏。他虚心向别人学习的精神十分可贵,但更可贵的是,他不仅要以善者为师,而且以不善者为师,这其中包含有深刻的哲理。他的这段话,对于指导我们处世待人、修身养性、增长知识,都是有益的。

泰伯篇第八

文题背景

本篇的基本内容,涉及孔子及其学生对尧舜禹等古代先王的评价;孔子教学方法和教育思想的进一步发挥;孔子道德思想的具体内容以及曾子在若干问题上的见解。

子曰:"泰伯,其可谓至德也已矣①,三以天下让②,民无得而称焉。"

要点注释

①**泰伯:**周朝姬氏的祖先有名叫古公亶(dǎn 胆)父的,又称"太王"。古公亶父共有三个儿子:长子泰伯(又称"太伯"),次子仲雍,三子季历(即周文王姬昌的父亲)。传说古公亶父见孙儿姬昌德才兼备,日后可成大业,便想把王位传给季历,以谋求后世能扩展基业,有所发展。泰伯体察到了父亲的意愿,就主动把王位的继承权让给三弟季历;而季历则认为,按照惯例,王位应当由长兄继承,自己也不愿接受。后来,泰伯和二弟仲雍密谋,以去衡山采药为名,一起悄悄离开国都,避居于荆蛮地区的勾吴。泰伯后成为周代吴国的始祖。 ②**"三以"句:**"天下",代指王位。第一次让,是泰伯离开国都,避而出走。第二次让,是泰伯知悉父亲古公亶父去世,故意不返回奔丧,以避免被众臣拥立接受王位。第三次让,是发丧之后,众臣议立新国君时,泰伯在荆蛮地区,索性与当地黎民

一样,断发纹身,表示永不返回。这样,他的三弟季历只好继承王位。有了泰伯的这"三让",才给后来姬昌(周文王)继位统一天下创设了条件,奠定了基础。因此,孔子高度称赞泰伯。

参考译文

孔子说:"泰伯可以称得上是品德最高尚的人了,三次以天下相让,老百姓真不知该怎样称赞他。"

子曰:"恭而无礼则劳,慎而无礼则葸①,勇而无礼则乱,直而无礼则绞②。君子笃于亲③,则民兴于仁;故旧不遗,则民不偷④。"

要点注释

①葸(xǐ 洗):过分拘谨,胆怯懦弱。　②绞:说话尖酸刻薄,出口伤人;太急切而无容忍。　③笃(dǔ 赌):诚实,厚待。　④偷:刻薄。

参考译文

孔子说:"只是容貌态度恭敬而没有礼来指导就会劳扰不安;只是做事谨慎而没有礼来指导就会畏缩多惧;只是刚强勇猛而没有礼来指导就会作乱;只是直率而没有礼来指导就会说话刻薄尖酸。 君子如果厚待亲族,老百姓就会按仁德来行动;君子如果不遗忘故旧,老百姓也就厚道了。"

精彩评点

"恭"、"慎"、"勇"、"直"等德目不是孤立存在的,必须以"礼"作指导,只有在"礼"的指导下,这些德目的实施才能符合中庸的准则,否则就会出现"劳"、"葸"、"乱"、"绞",就不可能达到修身养性的目的。

曾子有疾①,召门弟子曰:"启予足②,启予手!《诗》云:'战战兢兢,如临深渊,如履薄冰③。'而今而后,吾知免夫。小子④!"

要点注释

①曾子:曾参,孔子的弟子。《论语》成书时,后世门生记其言行,尊称为"子"。　②启:开。这里指掀开被子看一看。一说,看。　③"战战兢兢"句:引自《诗经·小雅·小旻(mín)民》篇。曾参借用这句话,表明自己一生处处小心谨慎,避免身体受损伤,算是尽了孝道。据《孝经》载,孔子曾对曾参说:"身体

发肤受之父母,不敢毁伤,孝之始也。""履",本义是单底鞋,也泛指鞋。这里作动词用,走,踩,步行。 ④**小子**:称弟子们。这里说完一番话之后再呼弟子们,表示反复叮咛。

参考译文

曾子病危,召集他的弟子们来,说:"掀开被子看看我的脚,看看我的手有无毁伤之处。 《诗经》中说:'战战兢兢,就好像站在深渊旁边,就好像踩在薄冰之上。'从今以后,我知道我的身体会免于毁伤了。 弟子们!"

精彩评点

曾子借用《诗经》里的三句,来说明自己一生谨慎小心,避免损伤身体,能够对父母尽孝。据《孝经》记载,孔子曾对曾参说过:"身体发肤,受之父母,不敢毁伤,孝之始也。"就是说,一个孝子,应当极其爱护父母给予自己的身体,包括头发和皮肤都不能有所损伤,这就是孝的开始。曾子在临死前要他的学生们看看自己的手脚,以表白自己的身体完整无损,是一生遵守孝道的。

曾子有疾,孟敬子问之①。曾子言曰:"鸟之将死,其鸣也哀②;人之将死,其言也善。君子所贵乎道者三:动容貌③,斯远暴慢矣;正颜色,斯近信矣;出辞气④,斯远鄙倍矣⑤。笾豆之事⑥,则有司存⑦。"

要点注释

①**孟敬子**:姓仲孙,名捷,武伯之子,鲁国大夫。 **问**:看望,探视,问候。 ②**也**:句中语气助词。表示提顿,以起下文,兼有舒缓语气的作用。 ③**动容貌**:即"动容貌以礼"。指容貌谦和,恭敬,从容,严肃,礼貌等。 ④**出辞气**:即"出辞气以礼"。"出",是出言,发言。"辞气",指所用的词句和语气。 ⑤**鄙倍**:"鄙",粗野。"倍",同"背"。指背理,不合理,错误。 ⑥**笾豆之事**:"笾(biān 边)",古代一种竹制的礼器,圆口,下面有高脚,在祭祀宴享时用来盛果脯。"豆",古代一种盛食物盛肉的器皿,木制,有盖,形状像高脚盘。笾和豆都是古代祭祀和典礼中的用具。笾豆之事,就是指祭祀或礼仪方面的事务。 ⑦**有司**:古代指主管某一方面事务的官吏。这里具体指管理祭祀或仪礼的小官吏。 **存**:有,存在。

参考译文

曾子病危,孟敬子去探望他。 曾子说:"鸟将要死的时候,鸣叫的声音是悲哀的；人将要死的时候，说的话是善意的。 君子应当重视的道德有三方面：使容貌谦和严肃，就可以避免粗暴急躁，放肆怠慢；使脸色正派庄重，就接近于诚实守信；说话注意言辞得体和口气声调合宜，就可以避免粗野。至于祭祀和礼节仪式，自有主管的官吏去办。"

曾子曰："以能问于不能，以多问于寡；有若无，实若虚；犯而不校①。昔者吾友尝从事于斯矣②。"

要点注释

①校（jiào 叫）：计较。 ②吾友：我的朋友。有人认为：曾参指的是他的同学颜回。

参考译文

曾子说： "有才能却向没有才能的人询问，知识多的却向知识少的人询问；有本事却好像没有，知识学问很充实却好像很空虚；被人冒犯也不去计较。 从前我的朋友曾经这样做过。"

曾子曰："可以托六尺之孤①，可以寄百里之命②，临大节而不可夺也③。君子人与④？君子人也！"

要点注释

①**六尺之孤**：孩子死去父亲，叫"孤"。六尺之孤，指尚未成年而登基接位的年幼君主。古代的"尺"短，一尺合现代市尺六寸九分。身长"六尺"，其实只合现在四尺一寸四分（约 138 公分），一般指未成年的小孩（十五岁以下）。 ②**寄百里之命**："寄"，寄托，委托。"百里"，指方圆百里的一个诸侯国。"命"，指国家的政权与命运。 ③**不可夺**：指其志不可夺，不能使他动摇屈服。 ④**与**：同"欤"。语气词。

参考译文

曾子说： "可以把年幼的孤儿托付给他，可以把国家的命运委托给他，面临重大考验有气节而不动摇屈服。 这等人，可称君子了吗？ 真可算得君子了！ "

精彩评点

孔子所培养的就是有道德、有知识、有才干的人，他可以受命辅佐幼君，可以执掌国家政权，这样的人在生死关头决不动摇，决不屈服，这就是具有君子品格的人。

曾子曰:"士不可以不弘毅^①,任重而道远。仁以为己任^②,不亦重乎? 死而后已,不亦远乎?"

要点注释

①弘毅:"弘",广大,开阔,宽广。"毅",坚强,果敢,刚毅。宋代儒学家程颢解说:"弘而不毅,则无规矩而难立;毅而不弘,则隘陋而无以居之。""弘大刚毅,然后能胜重任而远到。" ②**"仁以"句:**"以仁为己任"的倒装句。把实现"仁"看做是自己的任务。

参考译文

曾子说:"士,不可以不心胸开阔、意志坚强,因为责任重大,道路遥远。 把实现'仁'看作是自己的任务,不也是很重大吗? 要终生为之奋斗到死才停止,不也是很遥远吗?"

子曰:"兴于《诗》^①,立于礼^②,成于乐^③。"

要点注释

①兴:兴起,勃发,激励;受到《诗经》的感染,而热爱真善美,憎恨假恶丑。
②立:立足于社会,树立道德。 ③成:完成,达到。这里指以音乐来陶冶性情,涵养高尚的人格,完成学业,最终达到全社会"礼乐之治"的最高境界。

参考译文

孔子说:"用《诗经》激励志气,用礼作为行为规范的立足点,用乐完成人格修养。"

子曰:"民可使由之^①,不可使知之。"

要点注释

①由:从,顺从,听从,经由什么道路。孔子认为下层百姓的才智能力、认识水平、觉悟程度各不一样,当政者在施行政策法令时,只能要求他们遵照着去做,而不可使他们知道这样做的道理。

参考译文

孔子说:"对老百姓,可以使他们顺着当政者所指点的路线去走,而不可使他们知道为什么这样走。"

精彩评点

孔子思想上有"爱民"的内容，但这有前提。他爱的是"顺民"，不是"乱民"。本章里他提出的"民可使由之，不可使知之"的观点，就表明了他的"愚民"思想，当然，愚民与爱民并不是互相矛盾的。

子曰："好勇疾贫①，乱也。人而不仁②，疾之已甚③，乱也。"

要点注释

①疾：厌恶，憎恨。　②人而不仁：不仁的人。　③已甚：太过分，很厉害。

参考译文

孔子说："崇勇敢而讨厌贫穷，会闯乱子。对不仁的人，痛恨得太厉害，也会激出祸乱。"

精彩评点

本章与上一章有关联。在孔子看来，老百姓如果不甘心居于自己穷困的地位，他们就会起来造反，这就不利于社会的安定，而对于那些不仁的人逼迫得太厉害，也会惹出祸端。所以，最好的办法就是"民可使由之，不可使知之"，培养人们的"仁德"。

子曰："如有周公之才之美，使骄且吝①，其余不足观也已。"

要点注释

①吝(lìn 赁)：吝啬，小气，过分爱惜，应当用而不用。

参考译文

孔子说："一个人即使有周公那样美好的才能，只要骄傲自大并且吝啬小气，余下的也就不值得一看了。"

子曰："三年学，不至于谷①，不易得也。"

要点注释

①谷：谷子，小米。古代官吏以谷子来计算俸禄，这里以"谷"代指做官及其俸禄。

参考译文

孔子说："读了多年的书，还没有做官的想法，这样的人难得呀！"

子曰:"笃信好学,守死善道①,危邦不入,乱邦不居②。天下有道则见③,无道则隐。邦有道,贫且贱焉,耻也;邦无道,富且贵焉,耻也。"

◆要点注释

①道:这里指治国做人的原则与方法。下文"邦有道""邦无道"则指社会政治局面的好与坏,国家政治是否走上正道。 ②危邦,乱邦:东汉儒学家包咸解说:"臣弑君,子弑父,乱也;危者,将乱之兆(征兆,预兆)也。" ③见:同"现"。表现,出现,出来。

◆参考译文

孔子说:"坚定信念,努力学习,誓死保全并爱好治国作人之道,有危险的国家,不要进入;有祸乱的国家,不要在那儿居住。天下有道,就出来从政;天下无道,就隐居起来。国家有道,而自己贫贱,是耻辱;国家无道,而自己富贵,也是耻辱。"

◆精彩评点

这是孔子给弟子们传授的为官之道。"天下有道则见,无道则隐";"用之则行,舍之则藏",这是孔子为官处世的一条重要原则。此外,他还提出应当把个人的贫贱荣辱与国家的兴衰存亡联系在一起,这才是为官的基点。

子曰:"不在其位,不谋其政①。"

◆要点注释

①谋:参与,考虑,谋划。

◆参考译文

孔子说:"不在那个职位上,就不要过问那方面的政事。"

子曰:"师挚之始①,《关雎》之乱②,洋洋乎盈耳哉!"

◆要点注释

①师挚之始:"师",指太师,乐师。鲁国的乐师名挚(zhì 志),一名"乙"。因他擅长弹琴,又称"琴挚"。"始",乐曲的开端,即序曲。古代奏乐,开端叫"升歌",一般由太师演奏,故说"师挚之始"。 ②关雎:《诗经》的第一篇。参见前《八佾篇第三》第二十章。 乱:乐曲结尾的一段,由多种乐器合奏。这里指演奏到结尾时所奏的《关雎》乐章。

参考译文

孔子说："从太师挚演奏开始，到结尾演奏《关雎》，多么美妙啊，满耳朵都是乐曲啊！"

子曰："狂而不直，侗而不愿①，悾悾而不信②，吾不知之矣。"

要点注释

①侗（tóng 同）：幼稚无知。 愿：谨慎，老实，厚道。 ②悾悾（kōng 空）：诚恳。这里指表面上装出诚恳的样子。

参考译文

孔子说："有的人狂妄而不正直，幼稚无知还不老实，表面上诚恳却不守信用，我不知道这种人怎么会这样。"

精彩评点

"狂而不直，侗而不愿，悾悾而不信"都不是好的道德品质，孔子对此十分反感。这是因为，这几种品质不符合中庸的基本原则，也不符合儒家一贯倡导的"温、良、恭、俭、让"和"仁、义、礼、智、信"的要求。所以孔子说：我真不知道有人会这样。

子曰："学如不及，犹恐失之。"

参考译文

孔子说："学习就像追赶什么而追不上那样，追上了还恐怕再失去它。"

精彩评点

本章是讲学习态度的问题。孔子自己对学习知识的要求十分强烈，他也同时这样要求他的学生。这"学如不及，犹恐失之"，其实就是"学而不厌"一句最好的注脚。

子罕篇第九

文题背景

本篇共包括31章。其中著名的文句有："出则事公卿，入则事父兄"；"后生可畏,焉知来者之不如今也";"三军可夺帅,匹夫不可夺志也";"岁寒,然后知松柏之后凋也";"知者不惑,仁者不忧,勇者不惧"。本篇涉及孔子的道德教育思想;孔子弟子对其师的议论;此外,还记述了孔子的某些活动。

子罕言利①,与命与仁②。

要点注释

①罕:少。 ②与:赞同,肯定。一说,"与",是连词"和"。则此句的意思为:孔子很少谈财利、天命和仁德。宋儒程颐就曾说:"计利则害义,命之理微,仁之道大,皆夫子所罕言也。"但是,综观《论语》全书,共用"命"字21次,其中含"命运""天命"意义的,有10次;共用"仁"字109次,其中含"仁德"意义的达105次。由此看来,说孔子很少谈天命和仁德,是缺乏根据的。

参考译文

孔子很少谈财利,赞同天命,赞许仁德。

达巷党人曰①:"大哉孔子!博学而无所成名。"子闻之,谓门弟子曰:"吾何执②?执御乎?执射乎?吾执御矣。"

要点注释

①达巷党人:达巷那个地方的人。"达巷",地名。山东省滋阳县(今兖州市)西北,相传即达巷党人所居。"党",古代地方组织,五百家为一党。一说,"达巷党人",指项橐(tuó 驼)。传说项橐七岁为孔子师。 ②执:专做,专门从事。

参考译文

达巷那个地方的人说:"孔子真伟大呀!知识学问很广博,乃至没有可以成名的专长。"孔子听到这话,对本门弟子们说:"我专做什么呢?做驾车的事吗?做射箭的事吗?那么我从事驾车吧!"

子曰:"麻冕①,礼也;今也纯②,俭③。吾从众。拜下④,礼也;今拜乎上,泰也⑤。虽违众,吾从下。"

要点注释

①麻冕:用麻布制成的礼帽。按古时规定,要用两千四百根麻线,织成二尺

73

二寸宽(约合现在一尺五寸)的布来做。很费工,所以不如用丝绸俭省。
②纯:黑色的丝绸。 ③俭:节俭,俭省。 ④拜下:按照传统古礼,臣见君王,先在堂下跪拜;君王打了招呼之后,到堂上再跪拜一次。 ⑤泰:轻慢,骄奢。

参考译文

孔子说:"用麻布做的礼帽,符合古礼;现在用丝绸做,比较节俭。 我赞成众人的做法。 臣见君王先在堂下跪拜行礼然后升堂再跪拜一次,符合古礼;现在臣见君,不先在堂下拜,而是直接升堂时行一次跪拜礼,这是高傲轻慢的表现。 虽然违反众人的做法,我还是赞成先在堂下行跪拜礼。"

精彩评点

孔子赞同用比较俭省的黑绸帽代替用麻织的帽子这样一种做法,但反对在面君时只在堂上跪拜的做法,表明孔子不是顽固地坚持一切都要合乎于周礼的规定,而是在他认为的原则问题上坚持己见,不愿作出让步,因跪拜问题涉及"君主之防"的大问题,与戴帽子有根本的区别。

子绝四:毋意①,毋必②,毋固③,毋我④。

要点注释

①毋:同"勿"。不,不要。 意:推测,猜想。 ②必:必定,绝对化。 ③固:固执,拘泥。 ④我:自私,自以为是,唯我独尊。

参考译文

孔子杜绝了四种缺点:不凭空猜测,不绝对肯定,不固执拘泥,不自以为是。

精彩评点

"绝四"是孔子的一大特点,这涉及人的道德观念和价值观念。人只有首先做到这几点才可以完善道德,修养高尚的人格。

子畏于匡①,曰:"文王既没②,文不在兹乎③? 天之将丧斯文也,后死者不得与于斯文也④;天之未丧斯文也,匡人其如予何⑤!"

要点注释

①子畏于匡:"畏",受到威胁,被拘禁。"匡",地名。今河南省长垣县西南十五里有"匡城",疑即此地。公元前496年,孔子从卫国去陈国时,经过匡地,

被围困拘禁。其原因有二：一、当时楚国正进攻卫、陈，群众不了解孔子，对他怀疑，有敌意，有戒心。二、匡地曾遭受鲁国阳货的侵扰暴虐。阳货，又名阳虎（一说，字货），是春秋后期鲁国季氏的家臣，权势很大。当阳货侵扰匡地时，孔子的一名弟子颜克曾经参与。这次，孔子来到匡地，正好是颜克驾马赶车，而孔子的相貌又很像阳货，人们认出了颜克，于是以为是仇人阳货来了，便将他包围，拘禁了五天，甚至想杀他。直到弄清真情，才放了他们。　②**文王**：周文王。姓姬，名昌，西周开国君王周武王（姬发）的父亲。孔子认为文王是古代圣人之一。　③**兹**：这，此。这里指孔子自己。　④**后死者**：孔子自称。　**与**：参与。引申为掌握，了解。一说，通"举"。兴起。　⑤**如予何**：把我如何，能把我怎么样。"予"，我。

参考译文

　　孔子在匡地受到围困拘禁，他说："周文王已经死了，周代的文化遗产不都是在我这里吗？　上天如果想要毁灭这种文化，我就不可能掌握这种文化了；上天如果不要毁灭这种文化，匡人能把我怎么样呢？"

　　太宰问于子贡曰①："夫子圣者与②？何其多能也？"子贡曰："固天纵之将圣③，又多能也。"子闻之，曰："太宰知我乎？吾少也贱，故多能鄙事④。君子多乎哉？不多也。"

要点注释

　　①**太宰**：周代掌管国君宫廷事务的官员。当时，吴、宋二国的上大夫，也称太宰。一说，这人就是吴国的太宰伯嚭（pǐ 匹），不可确考。　②**与**：同"欤"。语气助词。　③**纵**：让，使，听任，不加限量。　④**鄙事**：低下卑贱的事。孔子年轻时曾从事农业劳动，放过羊，赶过车，当过仓库保管，还当过司仪，会吹喇叭演奏乐器等。

参考译文

　　太宰问子贡道："孔夫子是圣人吧？怎么这样多才多艺呢？"子贡说："这本是上天使他成为圣人，又使他多才多艺的。"孔子听到后，说："太宰了解我吗？我少年时贫贱，所以会许多卑贱的技艺。　地位高的君子会有这么多的技艺吗？不会多啊。"

精彩评点

　　作为孔子的学生，子贡认为自己的老师是天才，是上天赋予他多才多艺的。

但孔子这里否认了这一点。他说自己少年低贱，要谋生，就要多掌握一些技艺，这表明，当时孔子并不承认自己是圣人。

牢曰①："子云：'吾不试②，故艺。'"

要点注释

①牢：有人认为是孔子的弟子琴牢。姓琴，字子开，一字子张，或称"琴张"。卫国人。但《史记·仲尼弟子列传》并无此人。　②试：用。引申为被任用，做官。

参考译文

牢说："孔子说过：'年少时我没有被任用做官，所以学会许多技艺。'"

子曰："吾有知乎哉？无知也。有鄙夫问于我①，空空如也。我叩其两端而竭焉②。"

要点注释

①鄙夫：这里指乡村的人。"鄙"，周制，以五百家为"鄙"。后也称小邑、边邑为"鄙"。　②叩：询问。　两端：两头。指事情（问题）的正反、始终、本末等两个方面。　竭：完全，穷尽。

参考译文

孔子说："我有知识吗？没有知识。有位乡下人问我一些问题，我脑子里像是空空的；可是我询问了那些问题的正反两方面，就完全有了答案。"

子曰："凤鸟不至①，河不出图②，吾已矣夫！"

要点注释

①凤鸟：古代传说中的一种神鸟。雄的叫"凤"，雌的叫"凰"，羽毛非常美丽，为百鸟之王。传说凤鸟在舜的时代和周文王时代出现过。凤鸟的出现，象征着天下太平，"圣王"将要出世。　②图：传说上古伏羲时代，黄河中有龙马背上驮着"八卦图"出现。"图"的出现，是"圣人受命而王"的预兆。《尚书·周书·顾命》篇，记有"河图"之事。文中，孔子以"凤""图"之说，表示自己对当时政治黑暗，天

下混乱，"大道不行"的失望。

参考译文

孔子说："凤鸟不飞来，黄河也不出现八卦图，我这一生将要完了！"

子见齐衰者^①，冕衣裳者与瞽者^②，见之，虽少，必作^③；过之，必趋^④。

要点注释

①齐衰(zīcuī 资崔)：古代用麻布做的丧服。为五服之一，因其缉边缝齐，故称。"齐"，衣的下摆。　②冕衣裳者："冕"，做官人戴的高帽子；"衣"，上衣；"裳"，下服。总起来指穿着礼服(官服)的人。　瞽(gǔ 古)：双目失明，盲人。
③作：站起身来。表示同情和敬意。　④趋：迈小步快走。也是表示敬意。

参考译文

孔子遇见穿丧服的人，戴礼帽穿礼服的人和盲人，虽然他们年轻，相见时，孔子一定站起身来；在他们面前经过的时候，也一定要恭敬地迈小步快快走过。

精彩评点

孔子对于周礼十分熟悉，他知道遇到什么人该行什么礼，对于尊贵者、家有丧事者和盲者，都应礼貌待之。孔子之所以这样做，也说明他极其尊崇"礼"，并尽量身体力行，以恢复礼治的理想社会。

颜渊喟然叹曰^①："仰之弥高^②，钻之弥坚^③；瞻之在前^④，忽焉在后。夫子循循然善诱人^⑤，博我以文，约我以礼，欲罢不能，既竭吾才。如有所立卓尔^⑥，虽欲从之，末由也已^⑦。"

要点注释

①喟(kuì 溃)：叹气，叹息。　②弥：更加，越发。　③钻：深入钻研。　坚：本意是坚硬，坚固。这里引申为深，艰深。　④瞻(zhān 沾)：看，视。　⑤循循然：一步一步有次序地。　诱：引导，诱导。　⑥卓尔：高大直立的样子。
⑦末由：指不知从什么地方，不知怎么办，没有办法去达到。"末"，没有，无。"由"，途径。

参考译文

颜渊感叹地说："老师的道德品格和学识，抬头仰望，越望越觉得高；

努力去钻研，越钻研越觉得艰深；看着好像在前面，忽然又像是在后面。 老师善于一步一步地诱导人，用文化典籍来丰富我的知识，用礼节来约束我的行动，使我想停止前进也不可能，直到竭尽了我的才力也不能停止学习。 总好像有一个非常高大的东西立在前面， 虽然很想要攀登上去， 却没有途径。"

精彩评点

颜渊在本章里极力推崇自己的老师,把孔子的学问与道德说成是高不可攀。此外,他还谈到孔子对学生的教育方法,"循循善诱"则成为日后为人师者所遵循的原则之一。

子疾病①,子路使门人为臣②。病间③,曰:"久矣哉,由之行诈也④! 无臣而为有臣。吾谁欺? 欺天乎? 且予与其死于臣之手也,无宁死于二三子之手乎⑤? 且予纵不得大葬⑥,予死于道路乎?"

要点注释

①疾病:"疾",生病。"病",病重,病危。 ②臣:指家臣。按当时礼法,只有受封的大夫,才有家臣,死后丧事,也是由家臣负责料理。孔子那时已经不做官了,本来没有家臣,但是子路却要安排门人去充当孔子的家臣,这是为了摆一下排场,准备以大夫之礼来安葬孔子。 ③间(jiàn 见):本指间隙。这里指疾病好了一些,病势转轻。 ④由:即子路。姓仲名由,子路是字。 ⑤无宁:"无",发语词,没有意义。"宁",宁可。"无宁"常与"与其"连用,表示选择。"与其"用在放弃的一面,"无宁"用在肯定的一面。 二三子:对弟子们的称呼,犹言"你们几位"。 ⑥大葬:指安葬大夫的礼节来安葬。

参考译文

孔子病重,子路派弟子去做家臣以便负责料理后事。 后来孔子的病好转一些,便说:"很久了啊,仲由干这种欺骗人的事! 我本来没有家臣,却要装作有家臣。 让我欺骗谁呢? 欺骗上天吗? 况且,我与其在家臣的料理下死去,倒不如在弟子你们的料理下死去。 而且,我即使不能以大夫之礼来隆重安葬,难道我会死在道路上没人安葬吗?"

子贡曰:"有美玉于斯,韫椟而藏诸①? 求善贾而沽诸②?"子曰:"沽之哉! 沽之哉! 我待贾者也!"

要点注释

①韫椟:"韫(yùn 运)",收藏起来。"椟(dú 毒)",柜子。后以"韫椟"表示怀才未用。 ②贾(gǔ 古):商人。古代称行商,为商;有固定店铺的商人,为贾。 沽(gū 姑):卖。 诸:"之乎"二字的合音。

参考译文

子贡说:"有一块美玉在这里,是把它放入柜子里收藏起来呢?还是找一个识货的商人卖掉它呢?"孔子说:"卖它吧!卖它吧!我正等着识货的商人哩!"

精彩评点

"待贾而沽"说明了这样一个问题,孔子自称是"待贾者",他一方面四处游说,以宣传礼治天下为己任,期待着各国统治者能够行他之道于天下;另一方面,他也随时准备把自己推上治国之位,依靠政权的力量去推行礼。因此,本章反映了孔子求仕的心理。

子欲居九夷①。或曰:"陋②,如之何?"子曰:"君子居之,何陋之有?"

要点注释

①九夷:我国古代称东部的少数民族为夷。至于"九夷",或说是指九个不同的部族;或说是对东部夷族地区的总称;或说即"淮夷",是散居于淮水、泗水之间的一个部族。已不可确考。 ②陋:本义是狭小,简陋。这里引申为经济、文化的落后。

参考译文

孔子想要迁到九夷去居住。 有人说:"那里很落后,如何能居住呢?"孔子说:"君子居住到那里去实行教化,还有什么落后的呢?"

子曰:"吾自卫反鲁①,然后乐正,《雅》《颂》各得其所②。"

要点注释

①自卫反鲁:"反",同"返"。指公元前484年(鲁哀公十一年)冬,因卫国发生内乱,孔子从那儿返回鲁国,结束了他十四年来"周游列国"的生活。 ②雅,颂:《诗经》篇章分《风》、《雅》、《颂》三大类。在古代,《诗经》305篇诗,都是能唱的。不同的诗配有不同的乐曲。奏于朝曰雅,奏于庙曰颂。这里指《雅》、

《颂》的乐章内容和曲谱,都得到了孔子的整理与订正,而教之于徒,传之于世。

参考译文

孔子说:"我自卫国返回鲁国,才把乐曲的篇章整理出来,使《雅》、《颂》各自归于它们本来的位置。"

子曰:"出则事公卿,入则事父兄,丧事不敢不勉,不为酒困,何有于我哉①?"

要点注释

①"何有"句:一说此句意为:我还有什么困难或遗憾呢?

参考译文

孔子说:"在外从政就职侍奉君王公卿,在家侍奉父母兄长,办理丧事不敢不勤勉尽力,就是喝酒也不致被醉倒,这些事对我有何困难呀?"

精彩评点

"出则事公卿",是为国尽忠;"入则事父兄",是为长辈尽孝。忠与孝是孔子特别强调的两个道德规范。它是对所有人的要求,而孔子本人就是这方面的身体力行者。在这里,孔子说自己已经基本上做到了这几点。

子在川上曰:"逝者如斯夫①,不舍昼夜②。"

要点注释

①逝者:指逝去的岁月、时光。 斯:这。这里指河水。 夫(fú 扶):语气助词。 ②舍:止,停留。

参考译文

孔子在河边说:"消逝的时光就像这河水一样啊!日日夜夜不停地流去。"

子曰:"吾未见好德如好色者也①。"

要点注释

①"吾未见"句:据《史记·孔子世家》记载,孔子"居卫月馀,灵公与夫人(南子)同车,宦者雍渠参乘出,使孔子为次乘(后面的第二部车子),招摇市过

之"。孔子因而发出了这一感叹。

参考译文

孔子说："我没见过爱慕德行像爱慕美色那样热切的人。"

子曰："譬如为山，未成一篑①，止，吾止也。譬如平地，虽覆一篑②，进，吾往也③。"

要点注释

①篑(kuì 溃)：装土用的竹筐子。　②覆：底朝上翻过来倾倒。　③往：犹言前进。这几句话的言外之意是：办事半道而止，则前功尽弃，停止或前进，责任在自己而不在别人。

参考译文

孔子说："比如用土来堆一座山，只差一筐土便能堆成，可是停止了，那是我自己停止的。比如在平地上堆土成山，虽然才倒下一筐土，但继续下去继续堆土，那是我自己坚持往前的。"

精彩评点

孔子在这里用堆土成山这一比喻，说明功亏一篑和持之以恒的深刻道理，他鼓励自己和学生们无论在学问和道德上，都应该是坚持不懈，自觉自愿。这对于立志有所作为的人来说，是十分重要的，也是对人的道德品质的塑造。

子曰："语之而不惰者①，其回也与②！"

要点注释

①惰：懈怠，不恭敬。　②其：表示揣测、反诘。莫非，难道，也许。　与：同"欤"。语气助词。

参考译文

孔子说："听我对他说话而不懈怠的，莫非只有颜回吧！"

子谓颜渊曰："惜乎！吾见其进也，未见其止也。"

参考译文

孔子谈到颜渊，追叹说："真可惜呀他不幸死了！我只看到他不断前进，从来没见他停止过。"

子曰："苗而不秀者有矣夫！秀而不实者有矣夫①！"

要点注释

①据《论语注疏》，此章是孔子惋惜颜渊早逝而作。

参考译文

孔子说："种庄稼只是出苗而不结穗的是有的吧！只结穗却不灌浆不结果实的也是有的吧！"

子曰："后生可畏，焉知来者之不如今也？四十、五十而无闻焉，斯亦不足畏也已。"

参考译文

孔子说："年轻人是值得敬服的，怎么知道将来的人们不如现在的人们呢？但如果到了四十岁、五十岁还默默无闻，那也就不值得敬服了。"

精彩评点

这就是说"青出于蓝而胜于蓝"，"长江后浪推前浪，一代更比一代强"。社会在发展，人类在前进，后代一定会超过前人，这种今胜于昔的观念是正确的，说明孔子的思想并不完全是顽固守旧的。

子曰："法语之言①，能无从乎？改之为贵。巽与之言②，能无说乎③？绎之为贵④。说而不绎，从而不改，吾末如之何也已矣。"

要点注释

①**法语之言**：指符合礼法规范、符合国家法令的正确的话。"法"，法则，规则，原则。　②**巽与之言**："巽（xùn 逊）"，通"逊"，谦逊，恭顺。"与"，赞许，称赞。巽与之言，指那种顺耳好听的、恭维称道的言辞。　③**说**：同"悦"。　④**绎（yì 义）**：本义是抽丝。引申为寻究事理，分析鉴别以便判断真假是非。

参考译文

孔子说："符合礼法的话，能不听从吗？但只有按照原则改正自己的缺点错误，才是可贵的。　顺耳好听的话，能不让人高兴吗？但只有分析鉴别这些话的真伪是非，才是可贵的。　如果只高兴而不分析鉴别，只听从而不改正自己，对于这样的人我实在没有什么办法啊。"

子曰："主忠信。毋友不如己者。过则勿惮改①。"

要点注释

①《学而篇第一》第八章文字与此略同，可参阅。

参考译文

孔子说："做人，主要讲求忠诚，守信用。不要同不如自己的人交朋友。如果有了过错，就不要怕改正。"

子曰："三军可夺帅也①，匹夫不可夺志也②。"

要点注释

①**三军**：古制，一万二千五百人为一军。周朝，一个大诸侯国可拥有三军（三万七千五百人）。　②**匹夫**：普通的人，男子汉。

参考译文

孔子说："三军可以使它丧失主帅，一个人立志，谁也夺不成。"

精彩评点

"理想"这个词，在孔子时代称为"志"，就是人的志向、志气。"匹夫不可夺志"，反映出孔子对于"志"的高度重视，甚至将它与三军之帅相比。对于一个人来讲，他有自己的独立人格，任何人都无权侵犯。作为个人，他应维护自己的尊严，不受威胁利诱，始终保持自己的"志向"。这就是中国人"人格"观念的形成及确定。

乡党篇第十

文题背景

本篇共27章，集中记载了孔子的容色言动、衣食住行，颂扬孔子是个一举一动都符合礼的正人君子。例如孔子在面见国君大夫时的态度；他出入于公门和出使别国时的表现，都显示出正直、仁德的品格。本篇中还记载了孔子日常生活的一些侧面，为人们全面了解、研究孔子，提供了生动的素材。

孔子于乡党①，恂恂如也②，似不能言者。其在宗庙朝廷，便便言③，唯谨尔。

要点注释

①乡党：指在家乡本地。古代，一万二千五百户为一乡，五百户为一党。
②恂恂(xún 寻)：信实谦卑，温和恭顺，而又郑重谨慎的样子。　③便便(pián
骈)：擅长谈论，善辩。

参考译文

孔子在家乡，表现得信实谦卑、温和恭顺，似乎是不善于讲话的人。　但
是在宗庙祭祀、在朝廷会见君臣的场合，他非常善于言谈，辩论详明，只是
比较谨慎罢了。

朝，与下大夫言①，侃侃如也②；与上大夫言，訚訚如也③。君在，踧踖如也④，
与与如也⑤。

要点注释

①下大夫：周代，诸侯以下是大夫。大夫的最高一级，称"卿"，即"上大
夫"；地位低于上大夫的，称"下大夫"。孔子当时的地位，属下大夫。　②侃侃
(kǎn 砍)：说话时刚直和乐，理直气壮，而又从容不迫。　③訚訚(yín 银)：和颜
悦色，而能中正诚恳，尽言相诤。　④踧踖(cù jí 醋急)：恭敬而又小心的样子。
⑤与与：慢步行走，非常小心谨慎的样子。

参考译文

孔子在朝廷上，当君王还未临朝时与同级的下大夫说话，刚直和乐，从
容不迫；与地位尊贵的上大夫说话，和颜悦色，中正诚恳。　君王临朝到来，
孔子表现出恭敬而又不过分紧张，慢步行走而又小心谨慎。

君召使摈①，色勃如也②，足躩如也③。揖所与立，左右手，衣前后，襜如也④。
趋进，翼如也⑤。宾退，必复命曰："宾不顾矣⑥。"

要点注释

①摈(bìn 鬓)：同"傧"。古代称接引招待宾客的负责官员。这里用作动
词，指国君下令，使孔子去接待外宾。　②勃如：心情兴奋紧张，脸面表现得庄
重矜持。　③躩(jué 绝)：快步前进，脚旋转而表敬意。　④襜(chān 搀)：衣

服整齐飘动。　⑤**翼如**:像鸟儿张开翅膀。　⑥**不顾**:不回头看。指客人已走远了。

参考译文

　　鲁国国君下令使孔子接待外宾,孔子脸色立刻庄重起来,脚步加快起来如有戒惧般。　孔子向同他站在一起的人作揖时,向左向右拱手,衣服前后摆动,都很整齐。　他快步向前时,姿态像鸟儿要展翅飞翔。　宾客走了以后,一定向国君回报说:"宾客已经走远了。"

　　入公门,鞠躬如也①,如不容。立不中门,行不履阈②。过位③,色勃如也,足躩如也,其言似不足者④。摄齐升堂⑤,鞠躬如也,屏气似不息者⑥。出,降一等⑦,逞颜色⑧,怡怡如也⑨。没阶⑩,趋进,翼如也。复其位,踧踖如也。

要点注释

　　①**鞠躬**:这里指低头躬身恭敬而谨慎的样子。　②**履**:走,踩。　**阈**(yù玉):门限,门槛。　③**过位**:按照古代礼节,君王上朝与群臣相见时,前殿正中门屏之间的位置是君王所立之位。到议论政事进入内殿时,群臣都要经过前殿君王所立的位子,这时君王并不在,只是一个虚位,但大夫们"过位"时,为了尊重君位,态度仍必须恭敬严肃。　④**言似不足**:说话时声音低微,好像气力不足的样子。一说,同朝者要尽量少说话,不得不应对时,也要答而不详,言似不足。这都是为了表示恭敬。　⑤**摄齐**:"摄",提起,抠起。"齐(zī资)",衣服的下襟,下摆,下缝。朝臣升堂时,一般要双手提起官服的下襟,离地一尺左右,以恐前后踩着衣襟或倾跌失礼。　⑥**屏气**:"屏(bǐng丙)",抑制,强忍住。屏气,就是憋住一口气。息:呼吸。　⑦**降一等**:从台阶走下一级。　⑧**逞颜色**:这里指舒展开脸色,放松一口气。"逞",快意,称心,放纵。　⑨**怡怡如**:轻松愉快的样子。　⑩**没阶**:指走完了台阶。"没(mò墨)",尽,终。

参考译文

　　孔子走进诸侯国君的大门,便低头躬身非常恭敬,好像不容他直着身子进去。　站立时不在门的中间,行走时不踩门槛。　经过国君的席位时,脸色立刻庄重起来,脚步加快,说话时好像气力不足的样子。　提起衣服的下摆向大堂上走的时候,低头躬身恭敬谨慎,憋住一口气好像停止呼吸一样。　出来时,走下一级台阶,才舒展脸色,显出轻松的样子。　走完了台阶,快步向前,姿态像鸟儿展翅。　回到自己的位置上,还要表现出恭敬而又谨慎的样子。

执圭①，鞠躬如也，如不胜②。上如揖，下如授。勃如战色，足蹜蹜③，如有循④。享礼⑤，有容色。私觌⑥，愉愉如也⑦。

要点注释

①圭（guī 归）：一种上圆下方的长条形玉器。举行朝聘、祭祀、丧葬等礼仪大典时，帝王、诸侯、大夫手里都要拿着这种玉器。依不同的地位身份，所拿的圭也各有不同。这里指大夫出使到别的诸侯国去，手里拿着代表本国君主的圭，作为信物。　②不胜：担当不起，承受不住，几乎不能做到。　③蹜蹜（sù 素）：形容脚步细碎紧密，一种小步快走的样子。　④循：顺着，沿着。　⑤享礼：向对方贡献礼品的仪式。"享"，献。　⑥觌（dí 笛）：见面，会见，以礼相见。　⑦愉愉：快乐，心情舒畅，露出笑容。

参考译文

孔子出使到别的诸侯国去举着圭，低头躬身非常恭敬，好像举不动的样子。　向上举好像作揖，放下来好像递东西给别人。　脸色庄重而昂奋，好像战战兢兢；步子迈得又小又快，好像沿着一条直线往前走。　在献礼的仪式上，显出和颜悦色。　以个人身份私下会见时，满脸笑容。

精彩评点

以上这五章，集中记载了孔子在朝、在乡的言谈举止、音容笑貌，给人留下十分深刻的印象。孔子在不同的场合，对待不同的人，往往容貌、神态、言行都不同。他在家乡时，给人的印象是谦逊、和善的老实人；他在朝廷上，则态度恭敬而有威仪，不卑不亢，敢于讲话，他在国君面前，温和恭顺，局促不安，庄重严肃又诚惶诚恐。所有这些，为人们深入研究孔子，提供了具体的资料。

君子不以绀緅饰①，红紫不以为亵服②。当暑，袗絺绤③，必表而出之④。缁衣⑤，羔裘⑥；素衣⑦，麑裘⑧；黄衣，狐裘。亵裘长，短右袂⑨。必有寝衣，长一身有半。狐貉之厚以居⑩。去丧，无所不佩。非帷裳⑪，必杀之⑫。羔裘玄冠不以吊⑬。吉月⑭，必朝服而朝。

要点注释

①绀（gàn 赣）：深青透红（带红）的颜色（一说，天青色）。是古时斋戒服装所用的颜色。　緅（zōu 邹）：黑中透红的颜色（一说，铁灰色）。是古时丧服所用的颜色。　饰：服装上的装饰。这里指衣服领子、袖子上的镶边等。　②亵（xiè 谢）服：平常在家穿的私服、便服。贴身穿的内衣也称亵服。因为红紫色是

制作礼服的庄重的颜色，所以，亵服不能用红紫色。　③**袗缔绤**："袗（zhěn诊）"，单衣。"缔（chī吃）"，细麻布，葛布。"绤（xì细）"，粗麻布。袗缔绤，指穿细麻布或粗麻布做的单衣。　④**"必表"句**：一定把麻布单衣穿在外表，而里面还要衬上内衣。一说，"表"，是上衣，是套在外表的衣服。古人不论冬夏，出门时都要外加上衣。　⑤**缁（zī兹）**：黑色。　⑥**羔裘**：黑色羊羔皮做的皮袍。　⑦**素**：白色。　⑧**麑裘**：指用小鹿皮做的皮袍。"麑（ní尼）"，白色幼鹿。⑨**短右袂**：指右手的袖子做得短一些，便于做事。"袂（mèi妹）"，袖子。　⑩**"狐貉"句**：用厚毛的狐貉皮制作成坐垫。"以"，用。"居"，坐。　⑪**帷裳**：朝拜和祭祀时穿的礼服。古时规定，要用整幅的布来做礼服，多余的布不裁掉，而要折叠起来缝上。　⑫**杀**：消除。这里指剪裁掉。如果不是制作礼服，必须加以剪裁，去掉多余的布。　⑬**玄冠**：黑色的礼帽。　⑭**吉月**：阴历每月的初一。也称作朔月。一说，只指每年正月岁首。

参考译文

　　君子不用深青透红或黑中透红的布做镶边，不用红色或紫色的布做平日在家穿的便服。　在夏天，穿粗麻或细麻布做的单衣，外出时一定套上外衣。冬天黑色罩衣，配黑羊羔皮袍；白色罩衣，配白鹿皮袍；黄色罩衣，配狐狸皮袍。　平常在家穿的皮袍，要做得长一些，右边的袖子短一些。　夜睡定有寝衣，其长过身一半，下及两膝。　要用厚厚的狐貉皮制作坐垫。　服丧期满脱去丧服，可以佩戴各种装饰品。　如果不是礼服，必须加以剪裁，去掉多余的布。　不要穿黑羊羔皮袍、戴黑色礼帽去吊丧。　每月的初一，一定要穿朝服去上朝。

　　齐①，必有明衣②，布。齐必变食③，居必迁坐④。

要点注释

　　①**齐**：同"斋"。斋戒。　②**明衣**：指斋戒期间沐浴后所换穿的贴身衣服。　③**变食**：改变平常的饮食。特指不饮酒，不吃荤，不吃葱蒜韭等有异味的东西。　④**居必迁坐**：指斋戒时的住处，要从内室（平时的卧室）迁到外室，不与妻妾同房。

参考译文

　　斋戒时，一定要有洗澡后换穿的干净内衣，要用布做的。　斋戒时，一定要改变饮食，住处一定要从卧室迁出。

食不厌精①，脍不厌细②。食饐而餲③，鱼馁而肉败④，不食。色恶，不食。臭恶，不食。失饪⑤，不食。不时⑥，不食。割不正，不食。不得其酱，不食。肉虽多，不使胜食气⑦。唯酒无量，不及乱⑧。沽酒市脯⑨，不食。不撤姜食。不多食⑩。

要点注释

①**不厌**：不厌烦，不排斥，不以为不对。　②**脍**(kuài 快)：细切的鱼肉。
③**饐**(yì 义)：食物长久存放，陈旧了，霉烂变质了。**餲**(ài 艾)：食物放久变了味，馊了。　④**馁**(něi)：鱼类不新鲜了，腐烂了。　**败**：肉类不新鲜了，腐烂了。
⑤**饪**(rèn 任)：烹调，煮熟。　⑥**不时**：不到该吃的时候。指吃饭要定时。一说，不吃过了时的、不新鲜的蔬菜。另说，不到成熟期的粮食、果、菜，不能吃，吃了会伤人。　⑦**气**：同"饩(xì 戏)"。粮食。　⑧**不及乱**：不到喝醉而神智昏乱的地步。　⑨**脯**(fǔ 府)：熟肉干，干肉。　⑩**不多食**：不多吃，不要吃得过饱而伤肠胃。另说，与"不撤姜食"相连，指食毕，诸食皆撤，姜独留，但也不要多吃姜。

参考译文

饭食不嫌做得精，鱼肉不嫌切得细。粮食陈旧变味了，鱼不新鲜了，肉腐烂了，不吃；食物的颜色变坏了，不吃；气味不好闻了，不吃；烹煮的不得当，不吃；不当时，不吃；不按一定方法宰割的肉，不吃；酱、醋作料放得不适当，不吃；肉虽然多，吃时不要超过主食的数量。唯独酒无限量，但不能喝到昏醉的程度。只做得一夜的酒和市上的熟肉干，不吃。吃完了，姜碟仍留着不撤。但不要多吃。

祭于公①，不宿肉②。祭肉不出三日③。出三日不食之矣。

要点注释

①**祭于公**：指士大夫等参加国君举行的祭祀典礼。　②**不宿肉**："肉"，指"胙肉"，祭祀所用的肉。胙肉一般由祭祀当天清晨特意宰杀的牲畜肉充任，到第二天祭礼完全结束后再分赐给助祭者。故这种胙肉拿回家已是宰杀后的两三天了，不宜再存放。　③**祭肉**：指自家祭祀所用的肉。

参考译文

参加国君祭祀典礼分到的肉，不能过夜。平常祭祀用过的肉不能超过三天。超过了三天就不吃它了。

精彩评点

　　以上4章里,记述了孔子的衣着和饮食习惯。孔子对"礼"的遵循,不仅表现在与国君和大夫们见面时的言谈举止和仪式,而且表现在衣着方面。他对祭祀时、服丧时和平时所穿的衣服都有不同的要求,如单衣、罩衣、麻衣、皮袍、睡衣、浴衣、礼服、便服等,都有不同的规定。在吃的方面,"食不厌精,脍不厌细",而且对于食物,有八种他不吃。吃了,就有害于健康。

　　食不语,寝不言。

参考译文

　　吃饭时不交谈,睡觉时不说话。

　　虽疏食菜羹①,必祭②,必齐如也。

要点注释

　　①**疏食**:粗食,吃蔬菜和谷米类。　**羹(gēng 庚)**:浓汤。　②**必**:底本作"瓜",据《鲁论语》改。　**祭**:指吃饭前把席上的各种饭菜分别拿出一点,另摆在食器之间,以祭祀远古发明饮食的祖先,表示不忘本。一说,即指一般的祭祖先或祭鬼神。

参考译文

　　虽然是吃粗米饭蔬菜汤,临食前也一定先要祭一祭,一定要像斋戒时那样恭敬严肃。

　　席不正①,不坐。

要点注释

　　①**席**:坐席。古代没有椅子,在地上铺上席子以为坐具。

参考译文

　　席子摆放不端正,不要坐。

　　乡人饮酒①,杖者出②,斯出矣。

要点注释

①乡人饮酒：指举行乡饮酒礼。乡饮酒礼是周代仪礼的一种，可参看《仪礼·乡饮酒礼》及《礼记·乡饮酒义》。　②杖者：拄拐杖的人，即老年人。我国古代素有尊老敬老的传统美德。周礼讲："五十杖于家，六十杖于乡，七十杖于国，八十杖于朝。九十者，天子欲有问焉，则就于其家。"对九十岁的老人，连天子有事要问，也要到老人的家里去。

参考译文

在举行乡饮酒礼后，要等老年人先走出去，自己才出去。

乡人傩①，朝服而立于阼阶②。

要点注释

①傩(nuó 挪)：古代在腊月里举行的迎神赛会、驱疫逐鬼的一种仪式。主持者头戴面具，蒙熊皮，穿黑衣，执戈，扬盾，率百隶及童子，敲着鼓，跳着舞，表演驱疫捉鬼的内容。②阼(zuò 作)：大堂前面靠东面的台阶。这里是主人站立以欢迎客人的地方。

参考译文

本乡的人们举行迎神赛会、驱疫逐鬼仪式时，孔子总是穿着朝服站立在东面的台阶上。

问人于他邦①，再拜而送之。

要点注释

①问：问候。问好。这里指托别人代为致意。

参考译文

孔子托别人代为问候在其他诸侯国的朋友时，要躬身下拜，拜两次，送走所托的人。

精彩评点

以上 6 章中，记载了孔子举止言谈的某些规矩或者习惯。他时时处处以正人君子的标准要求自己，使自己的言行尽量符合礼的规定。他认为，"礼"是至高无上的，是神圣不可侵犯的，那么，一投足、一举手都必须依照礼的原则。这一方面是孔子个人修养的具体反映,一方面也是他向学生们传授知识和仁德时所身体力行的。

康子馈药①,拜而受之。曰:"丘未达②,不敢尝。"

要点注释

①**康子**:即季康子。参阅《为政篇第二》第二十章。　**馈(kuì 愧)**:赠送。按当时的礼节,接受别人送的药,要当面尝一尝。　②**达**:了解,通达事理。

参考译文

季康子赠药,孔子拜谢而接受了。　并说:"我对药性不了解,不敢尝。"

先进篇第十一

文题背景

本篇共有26章,其中著名的文句有:"未能事人,焉能事鬼";"未知生,焉知死";"过犹不及"等。这一篇中包括孔子对弟子们的评价,并以此为例说明"过犹不及"的中庸思想;学习各种知识与日后做官的关系;孔子对待鬼神、生死问题的态度。最后一章里,孔子和他的学生们各述其志向,反映出孔子政治思想上的倾向。

子曰:"先进于礼乐①,野人也②;后进于礼乐,君子也③。如用之,则吾从先进。"

要点注释

①**"先进"句**:指先在学习礼乐方面有所进益,先掌握了礼乐方面的知识。"后进"反之。　②**野人**:这里指庶民,没有爵禄的平民。与世袭贵族相对。　③**君子**:这里指有爵禄的贵族,世卿子弟。

参考译文

孔子说:"先学习礼乐而后做官的人,是未曾有过爵禄的人;先做官而后学习礼乐的人,是卿大夫的子弟。　如果要选用人才,我将选用先学习礼乐的人。"

子曰:"从我于陈、蔡者①,皆不及门也②。"

要点注释

①**"从我"句**:公元前489年(鲁哀公四年,当时孔子六十一岁),孔子周游列国,率领弟子们从陈国去蔡国。途中,楚国派人来聘请孔子,孔子将往楚国拜礼。陈、蔡大夫怕与己不利,便派徒役在郊野围困孔子。孔子和弟子们断粮七天,许多人饿得不能行走。后由子贡去楚国告急,楚昭王派兵前来迎孔子,才获解救。当时随从孔子的弟子有子路、子贡、颜回等。公元前484年,孔子返回鲁国后,子路、子贡等先后离开,有的做了官,有的回老家,颜回也病死了。孔子时常思念那些在困境中跟随他的弟子们。 ②**不及门**:"门",指学习、受教育的场所。"及",在,到。不及门,指到不了、不在他的门下受教育。一说,是"不及仕进(卿大夫)之门","孔子弟子无仕陈蔡者"。

参考译文

孔子说:"曾经跟随我在陈国、蔡国的弟子们,现在都不在我的门下了。"

德行①:颜渊,闵子骞,冉伯牛,仲弓。言语②:宰我,子贡。政事③:冉有,季路。文学④:子游,子夏。

要点注释

①**德行**:指能实行忠恕仁爱孝悌的道德。 ②**言语**:指长于应对辞令、办理外交。 ③**政事**:指管理国家,从事政务。 ④**文学**:指通晓西周文献典籍。

参考译文

论德行,弟子中优秀的有:颜渊,闵子骞,冉伯牛,仲弓。 论言语,弟子中擅长的有:宰我,子贡。 论政事,弟子中能干的有:冉有,季路。 论文学,弟子中出色的有:子游,子夏。

子曰:"回也,非助我者也,于吾言无所不说①。"

要点注释

①**说**:同"悦"。这里是说颜渊对孔子的话从来不提出疑问或反驳。

参考译文

孔子说:"颜回啊,不是能帮助我的人,他对我所说的话,没有不心悦诚服的。"

精彩评点

　　颜回是孔子得意门生之一,在孔子面前始终是服服帖帖、毕恭毕敬的,对于孔子的学说深信不疑、全面接受。所以,孔子多次赞扬颜回。这里,孔子说颜回"非助我者",并不是责备颜回,而是在得意地赞许他。

　　子曰:"孝哉闵子骞①! 人不间于其父母昆弟之言②。"

要点注释

　　①**闵子骞**:当时有名的孝子,被奉为尽孝的典范。他的孝行事迹被后人编入《二十四孝》。参阅《雍也篇第六》第九章。　　②**间**:挑剔,找毛病。**昆**:兄。

参考译文

　　孔子说:"真孝顺啊,闵子骞! 人们听了他的父母兄弟称赞他孝的话,也找不出什么可挑剔的地方。"

　　南容三复"白圭"①,孔子以其兄之子妻之②。

要点注释

　　①**南容**:即南宫适。参阅《公冶长篇第五》第二章注。　　**三复**:多次重复。"三"是虚数,指在一日之内多次诵读。　　**白圭**:指《诗经·大雅·抑》篇。其中有云:"白圭之玷,尚可磨也(白圭上的斑点污点,还可以磨掉);斯言之玷,不可为也(言语中的错误,不能收回不能挽救了)。"意思指:说话一定要小心谨慎。

　　②**妻**:作动词用。以女嫁人。

参考译文

　　南容反复诵读关于"白圭"的诗句,孔子便把侄女嫁给了他。

精彩评点

　　儒家从孔子开始,极力提倡"慎言",不该说的话绝对不说。因为,白玉被玷污了,还可以把它磨去,而说错了的话,则无法挽回。希望人们言语要谨慎。这里,孔子把自己的侄女嫁给了南容,表明他很欣赏南容的慎言。

　　季康子问:"弟子孰为好学?"孔子对曰:"有颜回者好学.不幸短命死矣,今也则亡①。"

要点注释

①亡：同"无"。本章文字与《雍也篇第六》第三章略同，可参阅。

参考译文

季康子问："你的弟子中谁是爱好学习的呢？"孔子回答："有一个叫颜回的，很好学，但不幸短命死了，如今便没有好学的了。"

颜渊死，颜路请子之车以为之椁①。子曰："才不才，亦各言其子也。鲤也死②，有棺而无椁。吾不徒行以为之椁。以吾从大夫之后③，不可徒行也。"

要点注释

①**颜路**：姓颜，名无繇(yóu 由)，字路。娶齐姜氏，生子颜回(颜渊)。颜路是孔子早年在故乡阙里教学时所收的第一批弟子，比孔子小六岁。生于公元前545年，卒年不详。　**椁**(guǒ 果)：古代有地位的人，棺材有两层：内层直接装殓尸体，叫"棺"，有底；外面还套着一层套棺，叫"椁"，无底。合称"棺椁"。　②**鲤**：孔鲤，孔子的儿子。孔子十九岁，娶宋国人亓官氏，生子伯鱼。生伯鱼时，鲁昭公以鲤鱼赐孔子，因此给儿子起名叫孔鲤。孔鲤五十岁死，时孔子七十岁。③**从大夫之后**：跟从在大夫们的后面。是自己曾是大夫(孔子任鲁国司寇，是主管治安与司法的行政长官)的谦虚的表达方法。按礼大夫出门要坐车，否则为失礼。

参考译文

颜渊死了，颜路请求孔子卖了车给颜渊买个椁。　孔子说："虽然你的儿子颜渊和我的儿子孔鲤一个有才、一个无才，但对各人说来都是自己的儿子啊。　孔鲤死了，只有棺而没有椁。　我不能卖掉车步行，来给他买椁。　因为我过去当过大夫，是不可以步行的。"

颜渊死。子曰："噫！天丧予①！天丧予！"

要点注释

①**天丧予**："丧"，亡，使……灭亡。孔子这句话的意思是，颜渊一死，他宣扬的儒道就无人继承，无人可传了。

参考译文

颜渊死了。　孔子说："咳呀！天要丧我的命呀！天要丧我的命呀！

颜渊死,子哭之恸①。从者曰:"子恸矣!"曰:"有恸乎? 非夫人之为恸而谁为②?"

要点注释

①恸(tòng 痛):极度哀痛,悲伤。 ②"非夫人"句:即"非为夫人恸而为谁"的倒装。"夫",指示代词,代指死者颜渊。"之"是虚词,在语法上只起到帮助倒装的作用。

参考译文

颜渊死了,孔子哭得很哀痛。 随从的人说:"夫子您太哀痛了!"孔子说:"是太哀痛了吗? 不为这样的人哀痛还为谁呢?"

颜渊死,门人欲厚葬之,子曰:"不可。"门人厚葬之。子曰:"回也视予犹父也,予不得视犹子也①。非我也,夫二三子也。"

要点注释

①"予不得"句:意为我不能像对待亲生儿子那样按礼来安葬颜渊。孔子认为办理丧葬应"称家之有亡(无)",当时颜渊家贫,办丧事铺张奢侈,与礼不合;同时,按颜渊的身份与地位,也是不应该厚葬的。

参考译文

颜渊死了,弟子们想隆重丰厚地安葬他。 孔子说:"不可以。"弟子们仍是隆重丰厚地安葬了颜渊。 孔子说:"颜回啊,看待我如同父亲,我却不能看待他如同儿子。 不是我主张厚葬啊,是那些弟子们呀。"

季路问事鬼神①。子曰:"未能事人,焉能事鬼?"曰:"敢问死。"曰:"未知生,焉知死?"

要点注释

①季路:即子路。因仕于季氏,又称季路。参阅《为政篇第二》第十七章注。

参考译文

子路问怎样侍奉鬼神。 孔子说:"没能把人侍奉好,哪能谈侍奉鬼呢?"子路又说:"死后如何?"孔子说:"还不知道人生的道理,怎能知道死呢?"

精彩评点

　　孔子这里讲的"事人"，指侍奉君父。在君父活着的时候，如果不能尽忠尽孝，君父死后也就谈不上孝敬鬼神，他希望人们能够忠君孝父。本章表明了孔子在鬼神、生死问题上的基本态度，他不信鬼神，也不把注意力放在来世，或死后的情形上，在君父生前要尽忠尽孝，至于对待鬼神就不必多提了。

　　柴也愚①，参也鲁②，师也辟③，由也喭④。

要点注释

　　①柴：姓高，名柴，字子羔。齐国人，身材很矮，为人笃孝。孔子的弟子。比孔子小三十岁，生于公元前521年，卒年不详。高柴老实，忠厚，正直，但明智变通不足，故孔子说他"愚"。　②参也鲁："参"，曾参。曾参诚恳，信实，学习扎实深入，但反应有些迟钝，不够聪敏，故孔子说他"鲁"。　③师也辟："师"，颛孙师。"辟"，通"僻"，邪僻，偏激。颛孙师志向高，好夸张，习于容仪，但诚实不足，故孔子说他"辟"。　④由也喭："由"，仲由。"喭（yàn 燕）"，粗鲁，莽撞。仲由勇猛刚烈，但失于粗俗而文雅不足，故孔子说他"喭"。

参考译文

　　高柴愚笨，曾参迟钝，颛孙师偏激，仲由莽撞。

　　子曰："回也其庶乎①，屡空②。赐不受命，而货殖焉③，亿则屡中④。"

要点注释

　　①庶：庶几，差不多。含有称赞之意。这里指颜回学问、道德都好。　②空：指贫乏，穷困，穷得没办法。孔子曾说颜回："一箪食，一瓢饮，在陋巷，人不堪其忧，回也不改其乐。"（见《雍也篇第六》第十一章）　③货殖：做买卖，经商。④亿：同"臆"。估计，猜测。

参考译文

　　孔子说："颜回嘛，道德学问差不多了吧，可是常常穷困。端木赐不接受命运安排，去做买卖，猜测市场行情却常常能猜中。"

精彩评点

　　这一章，孔子对颜回学问道德接近于完善却在生活上常常贫困深感遗憾。同时，他对子贡不听命运的安排去经商致富反而感到不满，这在孔子看来，是极其不公正的。

子张问善人之道①。子曰："不践迹,亦不入于室②。"

要点注释

①**善人**:孔子认为,"善人"只是"质美(本质好)""欲仁",所谓凭良心为善。然而,这是不够的。如果"善人"不循着前人(足可效法的先王圣贤)的脚步走,不通过学习去锻炼修养自己,也就达不到"入室"的高标准。　②**入于室**:参见本篇第十五章注。

参考译文

子张请问做善人的道理。　孔子说："如果不踩着前人的脚迹走,学问、修养也就不能'入室'。"

子曰："论笃是与①,君子者乎? 色庄者乎②?"

要点注释

①**论笃是与**:等于"与论笃"。"论笃",言论诚恳笃实的人。"与",赞许。"是"无实义,起帮助"论笃"这一宾语提前的语法作用。　②**色庄**:神色庄重。这里指做出一副庄重的样子。

参考译文

孔子说："人们赞许言论诚恳笃实的人,但要注意区分是君子呢? 还是神色伪装庄重的人呢?"

子路问:"闻斯行诸①?"子曰:"有父兄在,如之何其闻斯行之?"冉有问:"闻斯行诸?"子曰:"闻斯行之。"公西华曰:"由也问'闻斯行诸',子曰'有父兄在';求也问'闻斯行诸'②,子曰'闻斯行之'。赤也惑③,敢问。"子曰:"求也退,故进之;由也兼人④,故退之。"

要点注释

①**斯**:代词。这里代指道理,义理,应该做的事。　**诸**:"之乎"二字合音。
②**求**:即冉有。名求,字子有,也称冉有。　③**赤**:即公西华。名赤,字子华,也称公西华。　④**兼人**:指刚勇,敢作敢为,一个人能顶两个人。

参考译文

子路问："听到了道理就马上行动吗？"孔子说："有父兄在，如何能不请示父兄马上行动呢？"冉有问："听到了道理就马上行动吗？"孔子说："听到了就马上行动。"公西华问孔子说："仲由问'听到了就马上行动吗'，您说'有父兄在'；冉求问'听到了就马上行动吗'，您却说'听到了就马上行动'。这使我迷惑，所以大胆地问问为何回答不同。"孔子说："冉求做事畏缩不前，所以要鼓励他大胆前进一步；仲由一个人能顶两个人，所以要抑制约束他慎重地退后一步。"

精彩评点

这是孔子把中庸思想贯穿于教育实践中的一个具体事例。在这里，他要自己的学生不要退缩，也不要过头冒进，要进退适中。所以，对于同一个问题，孔子针对子路与冉求的不同情况作了不同回答。同时也生动地反映了孔子教育方法的一个特点，即因材施教。

子畏于匡①，颜渊后。子曰："吾以女为死矣。"曰："子在，回何敢死！"

要点注释

①畏：畏惧，有戒心。指孔子在匡地被人误以为是阳虎而受到围困。

参考译文

孔子在匡地受到围困拘禁，颜渊落在后面，最后才逃出来。孔子惊喜地说："我以为你死了呢。"颜渊说："夫子您还健在，我怎么敢死呢？"

季子然问①："仲由、冉求可谓大臣与？"子曰："吾以子为异之问②，曾由与求之问③。所谓大臣者，以道事君，不可则止。今由与求也，可谓具臣矣④。"曰："然则从之者与？"子曰："弑父与君，亦不从也。"

要点注释

①季子然：姓季孙，名平子，字子然，乃季孙意如之子。鲁国季氏的同族人。因为季氏任用子路、冉有为臣，所以，季子然向孔子提出了这一问题。　②子：先生。尊称对方。　为异之问：问的别的人。"异"，不同的，其他的。　③曾：乃，原来是。　④具臣：有做官的才能。"具"，具备。

季子然问："仲由、冉求可以说是大臣吗？"孔子说："我以为您是问的别人，原来是问仲由和冉求啊。所谓大臣，是能够用正道事奉君主的，如果不能这样，就宁可辞职不干。现在仲由和冉求，只可以说是具备做大臣的才能。"季子然说："那么他们做什么事都跟从季氏吗？"孔子说："杀父亲、杀君主那种事，也是不会跟从的。"

子路使子羔为费宰①。子曰："贼夫人之子②。"子路曰："有民人焉，有社稷焉③，何必读书'然'后为学？"子曰："是故恶夫佞者④。"

①**子羔**：高柴，字子羔。孔子弟子。比孔子小三十岁。 ②**贼**：害，毁坏，坑害。孔子认为子羔年轻，学业未成，让他从政，无异于害他。 ③**社稷**："社"，土地神。"稷(jì记)"，谷神。古代说"社稷"，指祭祀土地神和谷神。后来又把"社稷"作为国家政权的象征。 ④**恶(wù务)**：讨厌。 佞(nìng泞)：巧言，谄媚。

子路让子羔去费地任行政长官。孔子说："这是害了人家的孩子。"子路说："那地方有人民，有社稷，何必非读书才算是学习呢？"孔子说："所以我讨厌巧言狡辩的人。"

子路、曾晳、冉有、公西华侍坐①。子曰："以吾一日长乎尔，毋吾以也②。居则曰③：'不吾知也！'如或知尔，则何以哉？"子路率尔而对曰④："千乘之国⑤，摄乎大国之间⑥，加之以师旅⑦，因之以饥馑⑧，由也为之，比及三年⑨，可使有勇，且知方也⑩。"夫子哂之⑪。"求！尔何如？"对曰："方六七十，如五六十，求也为之，比及三年，可使足民。如其礼乐，以俟君子⑫。""赤⑬，尔何如？"对曰："非曰能之，愿学焉。宗庙之事，如会同⑭，端章甫⑮，愿为小相焉⑯。""点，尔何如？"鼓瑟希⑰，铿尔⑱，舍瑟而作⑲，对曰："异乎三子者之撰⑳。"子曰："何伤乎㉑？亦各言其志也。"曰："莫春者㉒，春服既成㉓，冠者五六人㉔，童子六七人，浴乎沂㉕，风乎舞雩㉖，咏而归。"夫子喟然叹曰："吾与点也！"三子者出，曾晳后。曾晳曰："夫三子者之言何如？"子曰："亦各言其志也已矣。"曰："夫子何哂由也？"曰："为国以礼，其言不让，是故哂之。""唯求则非邦也与㉗？""安见方六七十如五六十而非邦也者?""唯赤则非邦也与?""宗庙会同,非诸侯而何,赤也为之小,孰能为之大?"

要点注释

①**曾皙**(xī 西):姓曾,名点,字子皙。曾参的父亲。南武城人。也是孔子的弟子。　②**毋吾以**:不要因我而受拘束,而停止说话,不肯发言。"毋",不,不要。"以",同"已"。停止。　③**居**:平时,平素。　④**率尔**:轻率地,急忙地。　⑤**千乘之国**:"乘(shèng 胜)",兵车。古代常以兵车数作为国家大小的标志。古代是按土地多少出兵车的,出一千辆兵车就是拥有纵横一百里面积的诸侯国。　⑥**摄**:夹在其中,受局促,受逼迫,受管束。　⑦**师旅**:古代军队组织,五人为伍,五伍为两,四两为卒(100 人),五卒为旅(500 人),五旅为师(2500 人),五师为军。"加之以师旅",犹言发生战争,受别国军队的侵犯。　⑧**饥馑**(jǐn 紧):荒年,灾荒,凶年。《尔雅·释天》:"谷不熟为饥,蔬不熟为馑。"　⑨**比及**:等到,到了。　⑩**知方**:指懂得道义,遵守礼义。　⑪**哂**(shěn 审):微笑,讥笑。　⑫**俟**(sì 四):等待。　⑬**赤**:即公西华。参阅《公冶长第五》第八章注。　⑭**会同**:诸侯会盟。两诸侯相见,叫"会";许多诸侯一起相见,叫"同"。　⑮**端章甫**:"端",也写作"褍",周代的一种礼服,也叫"玄端"。"章甫",一种礼帽。这里泛指穿着礼服。　⑯**相**:在祭祀、会同时,行赞礼的人员。也叫傧相。有不同的职位等级,故文中有"小相""大相"之说。　⑰**希**:通"稀"。稀疏(节奏速度放慢)。　⑱**铿**(kēng 坑)**尔**:铿的一声。形容乐声有节奏而响亮。一说,曲终拨动瑟弦的余音。　⑲**作**:站起身来。　⑳**三子**:三位。"子"是对同学的尊称。**撰**:同"读"。陈述的事,说的话。　㉑**伤**:妨害,妨碍。　㉒**莫**:同"暮"。　㉓**春服**:指春天穿的夹衣(里表两层)。**既**:已经。**成**:定,穿得住了。　㉔**冠者**:成年人。古代男子二十岁举行冠礼,束发加冠,表示已经成年。　㉕**沂**(yí 移):水名。发源于山东省邹城市东北,经曲阜市南及江苏省北部,流入黄海。传说当时该处有温泉。　㉖**风**:作动词用,吹风,乘凉。**舞雩**:"雩(yú 鱼)",古代求雨的祭坛。因人们乞雨必舞,故称"舞雩"。这里指鲁国祭天求雨的台子,在今曲阜市南,有坛有树。北魏郦道元《水经注》称:"沂水北对稷门,一名高门一名雩门。南隔水有雩坛,坛高三丈,即曾点所欲风处也。"　㉗**唯**:语首助词,无实际意义。

参考译文

子路、曾皙、冉有、公西华,陪奉孔子闲坐着。孔子说:"因我比你们年长一些,不要因为我而拘束。你们平时常说:'人家不了解我啊!'假如有人了解你们要任用你们,那么你们打算怎样做呢?"子路轻率直爽急忙回答说："一个拥有一千辆兵车的国家，夹在大国之间，受别国军队的侵犯，又遇上凶年饥荒，让我去治理，只要三年，就可以使人民勇敢，而且知道遵守礼义。"孔子微笑了一下。 孔子又问："冉求，你如何呢？"冉求回答说："一个纵横六七十里，或者五六十里的小国，让我去治理，只要三年，就可以使人民富足。 至于礼乐教化方面，那要等待君子去实行了。"孔子又问："公西赤，你如何呢？"公西赤回答说："不敢说我能够做到些什么，而是很愿意学习啊。 在宗庙祭祀的事务上，或者诸侯相会时，我穿上礼服，戴上礼帽，愿意做一个小小的赞礼人。"孔子又问："曾点，你如何呢？"曾点正在弹瑟，琴声稀落，听孔子叫他铿的一声停了，放下瑟，站起身来。回答说："我的志向不同于他们三位的陈述。"孔子说："那又有什么妨碍呢？也就是各人谈谈自己的志向啊！"曾点说："暮春时节，春天的夹服已经穿定了，和成年人五六人，少年六七人，去沂河洗盥洗面手，一路吟风披凉，直到舞雩台上歌唱一番，然后取道回家回来。"孔子长叹了一声，说："我是赞成曾点的。"子路等三人出去了，曾皙最后走。 曾皙问孔子说："这三位说的话如何呢？"孔子说："也就是各人谈谈自己的志向罢了。"曾皙说："夫子为何笑仲由呢？"孔子说："治理国家要讲礼让，他说话却不谦让，所以笑他。"曾皙又问："难道冉求所讲的不是邦国之事吗？"孔子说："哪里见得纵横六七十里或者五六十里的地方就不是国家呢？"曾皙又问："难道公西赤所讲的不是邦国之事吗？"孔子说："有宗庙、诸侯间的会见，那不是诸侯国又是什么呢？如果公西赤只能做一个小相，谁还能做大相呢？"

精彩评点

孔子认为，前三个人的治国方法，都没有谈到根本上。他之所以只赞赏曾点的主张，就是因为曾点用形象的方法描绘了礼乐之治下的景象，体现了"仁"和"礼"的治国原则，这就谈到了根本点上。这一章，孔子和他的学生们自述其政治上的抱负，从中可以看出孔子的政治理想。

颜渊篇第十二

文题背景

本篇共计 24 章。其中著名的文句有："克己复礼为仁，一日克己复礼，天下归仁焉";"非礼勿视,非礼勿听,非礼勿言,非礼勿动";"己所不欲,勿施于人";"死生有命,富贵在天";"四海之内,皆兄弟也";"君子成人之美,不成人之恶";"君子以文会友,以友辅仁"。本篇中,孔子的几位弟子向他问怎样才是仁。这几段,是研究者们经常引用的。孔子还谈到怎样算是君子等问题。

颜渊问仁①。子曰:"克己复礼为仁②,一日克己复礼,天下归仁焉③。为仁由己,而由人乎哉?"颜渊曰:"请问其目④。"子曰:"非礼勿视,非礼勿听,非礼勿言,非礼勿动。"颜渊曰:"回虽不敏,请事斯语矣⑤。"

要点注释

①仁:儒家学说中含义非常广泛的一种道德观念。包括了恭,宽,信,敏,惠,智,勇,忠,恕,孝,悌等内容,而核心是指人与人的相亲相爱。"己所不欲,勿施于人","己欲立而立人,己欲达而达人"则是实行"仁"的主要方法。　②克己复礼:"克",克制,约束,抑制。"己",自己。这里指一己的私欲。"复",回复。"礼",人类社会行为的法则、标准、仪式的总称。包括了社会生活中由于风俗习惯而长期形成、又为大家所共同遵守的一整套的礼节仪式;人们相互之间表示尊敬谦让的言语或动作;也包括社会上通行的法纪、道德和礼貌。据《左传·昭公十二年》记载:"仲尼曰:'古也有志:克己复礼,仁也。'"可见"克己复礼"是孔子以前就有的古语,儒家用之作为一种自我修养的方法。　③归仁:朱熹说:"归,犹与也。""一日克己复礼,则天下之人皆与其仁,极言其效之甚速而至大也。""与",赞许,称赞。一说,"归",归顺。这两句的意思就是:"有一天做到了克制自己,符合于礼,天下就归顺于仁人了。"　④目:纲目,条目,具体要点。
⑤事:从事,实行,实践。

参考译文

颜渊问怎样是仁。孔子说:"克制自己,使言语行动符合于'礼',就是仁。有一天做到了克制自己,符合于礼,天下就都赞许你是仁人了。实行仁,在于自己,难道还在于别人吗?"颜渊说:"请问实行仁的纲领条目。"孔子说:"不符合礼的不看,不符合礼的不听,不符合礼的不说,不符合礼的不做。"颜渊说:"我虽然不聪敏,请让我按照您的话去做吧。"

仲弓问仁①。子曰:"出门如见大宾,使民如承大祭。己所不欲,勿施于人。在邦无怨,在家无怨。"仲弓曰:"雍虽不敏,请事斯语矣。"

要点注释

①**仲弓**：冉雍，字仲弓。参阅《公冶长第五》第五章注。

参考译文

仲弓问怎样是仁。孔子说："出门工作、办事如同去接待贵宾，役使百姓如同去承当重大的祭祀。自己不愿意承受的，不要加给别人。为国家办事没有怨恨，处理家事没有怨恨。"仲弓说："我虽然不聪敏，请让我按照您的话去做吧。"

司马牛问仁①。子曰："仁者，其言也讱②。"曰："其言也讱，斯谓之仁已乎？"子曰："为之难，言之得无讱乎？"

要点注释

①**司马牛**：孔子的弟子。姓司马，名耕，一名犁，字子牛。宋国人。相传是宋国大夫桓魋(tuí 颓)的弟弟。　②**讱**(rèn 认)：言语迟钝，话难说出口，言若有忍而不易发。引申为说话十分慎重，不轻易开口。《史记·仲尼弟子列传》说司马牛"多言而躁"(饶舌话多，个性急躁)，由此可见，孔子这一段话是针对司马牛"多言而躁"的毛病所提出的告诫。

参考译文

司马牛问怎样是仁。孔子说："仁人，说话慎重。"司马牛说："说话慎重，就是仁吗？"孔子说："凡事做起来都是困难的，说话能不慎重吗？"

司马牛问君子。子曰："君子不忧不惧。"曰："不忧不惧，斯谓之君子已乎？"子曰："内省不疚①，夫何忧何惧？"

要点注释

①**省**(xǐng 醒)：检查，反省，检讨。　**疚**(jiù 旧)：对于自己的错误感到内心惭愧，痛苦不安。

参考译文

司马牛问怎样是君子。孔子说："君子不忧愁，不畏惧。"司马牛说："不忧愁不畏惧，就称为君子了吗？"孔子说："自己反省检查，问心无愧，那还忧愁什么畏惧什么？"

司马牛忧曰:"人皆有兄弟,我独亡①。"子夏曰:"商闻之矣:'死生有命,富贵在天。'君子敬而无失,与人恭而有礼,四海之内,皆兄弟也。君子何患乎无兄弟也?"

要点注释

①我独亡:"亡",同"无"。关于司马牛没有兄弟的感叹,传统的说法是:司马牛之兄桓魋,与有巢、子顷、子车等在宋国作乱,失败后逃奔卫、齐、吴、鲁。司马牛虽始终未参与其兄的作乱,不赞成这种行为,但也被迫逃亡到鲁国。因此,司马牛有兄弟等于无兄弟,故发出这样的忧叹(事见《左传·哀公十四年》)。

参考译文

司马牛忧愁地说:"人家都有兄弟,唯独我没有。"子夏说:"我听说过:'死生命中注定,富贵由天安排。'君子只要认真谨慎没有过失,对人恭敬而有礼貌,天下的人都是兄弟呀。君子何必忧虑没有兄弟呢?"

子张问明。子曰:"浸润之谮①,肤受之愬②,不行焉③,可谓明也已矣。浸润之谮,肤受之愬,不行焉,可谓远也已矣④。"

要点注释

①浸润之谮:"浸(jìn进)润",水(液体)一点一滴逐渐湿润渗透进去。"谮(zèn怎去声)",谗言,说人的坏话。浸润之谮,是说点滴而来、日积月累、好像水浸润般的诬陷中伤。 ②肤受之愬:"肤受",皮肤上感受到。"愬",与谮义近,诽谤。《正义》说:"愬亦谮也,变其文耳。"肤受之愬,是说好像皮肤上感觉到疼痛般急迫切身的诽谤诬告。 ③不行:行不通。这里指不为那些暗里明里挑拨诬陷的话所迷惑,不听信谗言。 ④远:古语说:"远则明之至也。"《尚书·太甲中》说:"视远惟明,听德惟聪。"可见"远"及上句中的"明"均指看得明白,看得深远、透彻,而"远"比"明"要更进一步。

参考译文

子张问怎样是"明"。孔子说:"暗中传播、浸润般的谗言,切肤的诬告,对你行不通,就可以说是看得明白了。暗中传播、浸润般的谗言,切肤般的诬告,对你行不通,就可以说是看得远了。"

子贡问政。子曰:"足食,足兵①,民信之矣。"子贡曰:"必不得已而去,于斯三者何先?"曰:"去兵。"子贡曰:"必不得已而去,于斯二者何先?"曰:"去食。

自古皆有死,民无信不立。"

要点注释

①兵:兵器,武器。这里指军备。

参考译文

子贡问怎样治理国家。 孔子说:"有充足的粮食,有充足的军备,人民信任政府啊。"子贡说:"不得已一定要去掉一项,在这三项中哪一项先去掉呢?"孔子说:"去掉军备。"子贡说:"不得已一定要再去掉一项,在剩下的这两项中去掉哪一项呢?"孔子说:"去掉粮食。 自古以来人都是要死的,但如果人民对政府不信任,国家政权是立不住的。"

棘子成曰①:"君子质而已矣②,何以文为③?"子贡曰:"惜乎,夫子之说君子也! 驷不及舌④。文犹质也,质犹文也。虎豹之鞟犹犬羊之鞟⑤。"

要点注释

①**棘子成**:卫国的大夫。 ②**质**:质朴,内在的思想品质、道德修养淳朴。 ③**文**:文采。引申为文辞、礼仪等方面的修养。 ④**驷不及舌**:"驷(sì 四)",四匹马拉的车。"舌",指说出来的话。话一说出口,是追不回来的。 ⑤**鞟**(kuò 阔):同"鞹"。去掉了毛的兽皮。

参考译文

棘子成说:"君子只要质朴就行了,为何还要那些文采?"子贡说:"可惜呀,夫子您竟这样评说君子。 舌头一动,话说出口,就是套上四匹马拉的车,也追不回啊。 本质和文采是同等重要的。 去掉毛的虎豹皮,与去掉毛的犬羊皮就很相似了。"

哀公问于有若曰①:"年饥,用不足,如之何?"有若对曰:"盍彻乎②?"曰:"二③,吾犹不足,如之何其彻也?"对曰:"百姓足,君孰与不足? 百姓不足,君孰与足?"

要点注释

①**哀公**:鲁国国君。参阅《为政篇第二》第十九章注。 **有若**:姓有,名若,字子有。被后人尊称为"有子"。参阅《学而篇第一》第二章注。 ②**盍**(hé 河):何不,为什么不。 **彻**:西周的一种田税制度。就是国家从耕地的收获中抽取十分之一作为田税。 ③**二**:指国家从耕地的收获中抽取十分之二作为田税。

鲁国自宣公十五年（公元前594年）起，不再实行"彻"法，而是以"二"抽税。

参考译文

　　鲁哀公问有若："年成不好有饥荒，国家财政用费不足，怎么办呢？"有若回答说："为何不实行十成抽一的税制呢？"哀公说："十成抽二，我还不够用，如何能十成抽一呢？"有若说："百姓富足了，国君怎么会不足？百姓不富足，国君怎么会足？"

　　子张问崇德辨惑。子曰："主忠信，徙义①，崇德也。爱之欲其生，恶之欲其死，既欲其生，又欲其死，是惑也。'诚不以富，亦只以异'②。"

要点注释

　　①徙义：指向义迁移、靠拢，按照义去做。"徙（xǐ 洗）"，迁移。　②"诚不"句：出自《诗经·小雅·我行其野》。意思是：（你这样对待我）即使不是嫌贫爱富，也是喜新厌旧。孔子在此引这两句诗的意思，现已很难推测。有人认为这两句诗本是其他篇章的文字，因竹简编排的次序错了而误引在此处。可参。

参考译文

　　子张问怎样提高品德，辨别是非。　孔子说："以忠诚信实为主，努力做到义，就是提高品德。　喜爱一个人就希望他永远活着，厌恶起来又恨不得让他马上死去，既要他活，又要他死，这就是不辨是非。《诗经》上说：'这样做的确对自己毫无益处，只是使人奇怪罢了。'"

　　齐景公问政于孔子①，孔子对曰："君君，臣臣，父父，子子。"公曰："善哉！信如君不君，臣不臣，父不父，子不子，虽有粟，吾得而食诸？"

要点注释

　　①齐景公：姓姜，名杵臼（chǔ jiù 楚旧）。齐庄公异母弟。公元前547—前490年在位。鲁昭公末年，孔子到齐国时，齐大夫陈氏权势日重，而齐景公爱奢侈，多内嬖，厚赋敛，施重刑，不立太子，不听从晏婴的劝谏，国内政治混乱。所以，当齐景公问政时，孔子作了以上的回答。景公虽然口头上赞许同意孔子的意见，却未能真正采纳实行，为君而不尽君道，后来齐国终于被陈氏篡夺。

参考译文

　　齐景公向孔子问如何治理国家，孔子回答说："君要像君的样子，臣要像臣的样子，父要像父的样子，子要像子的样子。"齐景公说："很好啊！果真是君不像君，臣不像臣，父不像父，子不像子，虽然有粮食，我能得到而享受吗？"

子曰："片言可以折狱者①，其由也与！"子路无宿诺②。

要点注释

①片言：指原告被告诉讼双方中一方的片面言辞。"片"，单方面的。 **折**：断，判断，区别是非曲直。 **狱**：讼事，案件。 ②宿诺：延宕很久没有实现的诺言。

参考译文

孔子说："仅根据诉讼双方之中一方的言辞，就可以断案的，大概只有仲由吧！"子路履行诺言从不拖延。

子曰："听讼①，吾犹人也，必也使无讼乎！"

要点注释

①听讼：处理诉讼。"听"，判断，审理，处理。

参考译文

孔子说："要论审理案件，我跟别人一样，但我所不同的是必须使诉讼案件不发生才好啊！"

子张问政。子曰："居之无倦，行之以忠。"

参考译文

子张问怎样为政。 孔子说："坚守职位，不松懈倦怠，执行政令要忠实。"

精彩评点

以上两章都是谈的如何从政为官的问题。他借回答问题，指出各级统治者身居官位，就要勤政爱民，以仁德的规定要求自己，以礼的原则治理国家和百姓，通过教化的方式消除民间的诉讼纠纷，执行君主之令要切实努力，这样才能做一个好官。

子曰："博学于文，约之以礼，亦可以弗畔矣夫①！"

要点注释

①本章与《雍也篇第六》第二十七章文字略同，可参阅。

参考译文

孔子说："广泛地多学文化典籍，用礼来约束自己，就可以不违背君子之道了吧！"

子曰："君子成人之美，不成人之恶。小人反是。"

参考译文

孔子说："君子成全别人的好事，不帮别人做成坏事。小人与此相反。"

子路篇第十三

文题背景

本篇共有30章，其中著名的文句有："名不正则言不顺，言不顺则事不成"；"欲速则不达"；"父为子隐，子为父隐"；"居处恭、执事敬、与人忠"；"言必信，行必果"；"君子和而不同，小人同而不和"；"君子泰而不骄，小人骄而不泰"。本篇包含的内容比较广泛，其中有关于如何治理国家的政治主张，孔子的教育思想，个人的道德修养与品格完善，以及"和而不同"的思想。

子路问政。子曰："先之①，劳之②。"请益。曰："无倦。"

要点注释

①**先之**：指为政者身体力行，凡事率先垂范，以身作则。"之"，代词，指百姓。②**劳之**：这里指为政者亲身去干，以自身的"先劳"，带动老百姓都勤劳地干，虽勤而无怨。

参考译文

子路问怎样为政。孔子说："先要领头去干，再带动老百姓都勤劳地干。"子路请求多讲一点。孔子说："永远不要松懈怠惰。"

仲弓为季氏宰，问政。子曰："先有司，赦小过，举贤才。"曰："焉知贤才而举之？"子曰："举尔所知；尔所不知，人其舍诸①？"

要点注释

①舍:舍弃,放弃。这里指不推举。　**诸**:"之乎"二字合音。

参考译文

　　仲弓担任季氏宰,问怎样为政。　孔子说:"凡事,要带头,引导手下管事的众官吏去做,宽赦他们的小错误,推举贤良的人才。"仲弓说:"怎么能知道谁是贤才而选拔他们呢?"孔子说:"选拔你所知道的;你所不知道的,难道别人会舍他不举吗?"

　　子路曰:"卫君待子而为政①,子将奚先②?"子曰:"必也正名乎③!"子路曰:"有是哉,子之迂也④!奚其正?"子曰:"野哉,由也! 君子于其所不知,盖阙如也⑤。名不正,则言不顺,言不顺,则事不成,事不成,则礼乐不兴,礼乐不兴,则刑罚不中⑥,刑罚不中,则民无所错手足⑦。故君子名之必可言也,言之必可行也。君子于其言,无所苟而已矣⑧。"

要点注释

①**卫君**:卫出公蒯辄。他与父亲争位,引起国内混乱。所以孔子主张,要治理卫国,必先"正名"。以明确"君君臣臣父父子子"的关系。参阅《述而篇第七》第十五章注。　②**奚**:何,什么。　③**正名**:纠正礼制名分上的用词不当,正确地确定某个人的名分。"正",纠正,改正。"名",名分,礼制上的人的名义、身份、地位、等级等。　④**迂(yū 淤)**:迂腐;拘泥守旧,不切实际。　⑤**阙如**:存疑;对还没搞清楚的疑难问题暂时搁置,不下判断;对缺乏确凿根据的事,不武断,不妄说。"阙",同"缺"。　⑥**中(zhòng 众)**:得当,恰当,适合。　⑦**错**:同"措"。放置,安排,处置。　⑧**苟(gǒu 狗)**:苟且,随便,马虎。

参考译文

　　子路对孔子说:"假如卫国国君等待您去治理国家,您将要先做什么事呢?"孔子说:"必须先正名分吧。"子路说:"有这样做的吗? 您太迂了,为什么要正名分呢?"孔子说:"真粗野鲁莽啊,仲由! 君子对自己所不知道的事情,大概总得抱着存疑的态度吧。 如果名分不正,言语就不顺;言语不顺,事情就办不成;事情办不成,国家的礼乐制度就不能兴建起来;礼乐制度兴建不起来,刑罚的执行就不会恰当;刑罚执行不恰当,百姓就手足失措。 所以,君子确定名分必须可以说得清楚有理,说了也一定可以行得通。君子对自己所说的话,只是不草率马虎罢了。"

精彩评点

以上三章所讲的中心问题都是如何从政。前两章讲当政者应当以身作则。要求百姓做的事情,当政者首先要告诉百姓,使百姓能够搞清楚国家的政策,即孔子所讲的引导百姓。但在这三章中讲得最重要的问题是"正名"。"正名"是孔子"礼"的思想的组成部分。正名的具体内容就是"君君、臣臣、父父、子子",只有"名正"才可以做到"言顺",接下来的事情就迎刃而解了。

樊迟请学稼①。子曰:"吾不如老农。"请学为圃②。曰:"吾不如老圃。"樊迟出。子曰:"小人哉,樊须也! 上好礼,则民莫敢不敬;上好义,则民莫敢不服;上好信,则民莫敢不用情。夫如是,则四方之民襁负其子而至矣③,焉用稼!"

要点注释

①樊迟:姓樊,名须,字子迟。参阅《为政篇第二》第五章注。 ②圃(pǔ普):菜地,菜园。引申为种菜。 ③襁(qiāng抢):背婴儿的背带、布兜。

参考译文

樊迟请教种庄稼。 孔子说:"我不如老农夫。"樊迟请教种菜。 孔子说:"我不如老菜农。"樊迟出去了。 孔子说:"真是小人呀,樊须。 上边重视礼,百姓就不敢不尊敬;上边重视义,百姓就不敢不服从;上边重视信,百姓就不敢不说出真情实况。 假如做到这样,四方的百姓就会背着小孩前来投奔,从政者哪里用得上自己去种庄稼呢?"

子曰:"诵《诗》三百,授之以政,不达①;使于四方,不能专对②,虽多,亦奚以为③?"

要点注释

①达:通达,通晓;会处理,会运用。 ②专对:即根据外交的具体情况,随机应变,独立行事,回答问题.办理交涉。外交使臣在处理对外交涉的事务时,因不可能时时事事都向本国朝廷请求指示,所以必须有"专对"的能力。当时在外交上往往以背诵《诗经》章句来委婉地进行提问和回答,故"诵诗三百"是外交人才的必备条件。
③以:用。为:句末语助词,表示感慨或疑问。

参考译文

孔子说:"熟读《诗经》三百篇,派他从政做官,却不会处理政务;派他当外交使节，却不能独立地作主应对，读得虽然很多，又有什么用呢？"

精彩评点

诗，也是孔子教授学生的主要内容之一。他教学生诵诗，不单纯是为了诵诗，而为了把诗的思想运用到指导政治活动之中。儒家不主张死背硬记，当书呆子，而是要学以致用，应用到社会实践中去。

子曰："其身正，不令而行；其身不正，虽令不从。"

参考译文

孔子说："本身品行端正，就是不发命令，百姓也会照着去做；本身品行不正，即使发布命令，百姓也不会听从。"

子曰："鲁卫之政①，兄弟也。"

要点注释

①鲁卫之政：鲁国是周公（姬旦）的封地，卫国是周公的弟弟康叔的封地。鲁、卫本兄弟之国，后来衰乱又相似，孔子遂有这样的感叹。

参考译文

孔子说："鲁国、卫国的政治，像兄弟一般。"

子谓卫公子荆："善居室①。始有，曰：'苟合矣②。'少有，曰：'苟完矣。'富有，曰：'苟美矣。'"

要点注释

①公子荆：卫国的大夫，字南楚。是卫献公的儿子，故称公子荆。传说他十五岁就代理宰相，处理国事。对自己的家业和生活享受，能随时知足，不奢侈。吴国的公子季札，曾把公子荆列为卫国的君子（见《左传·襄公二十九年》）。善居室：善于管理家业、管理财务经济，会过日子。　②苟：差不多，也算是。

参考译文

孔子谈到卫国的公子荆，善于管理家业。开始有些财产时，公子荆说："差不多合于我的要求了。"再增加一些财产时，他说："差不多完备了。"到财产富足时，说："差不多是非常美好了。"

子适卫①,冉有仆②。子曰:"庶矣哉③!"冉有曰:"既庶矣,又何加焉④?"曰:"富之。"曰:"既富矣,又何加焉?"曰:"教之⑤。"

要点注释

①**适**:往,到,去。 ②**仆**:驾车。 ③**庶**(shù 树):众多。这里指卫国人口众多。 ④**何加**:即"加何"。增加什么,进一步干什么、办什么。 ⑤**教**:教育,教化。孔子主张"先富而后教"。

参考译文

孔子到卫国去,冉有驾车。 孔子说:"这儿人真多啊!"冉有说:"人已经多了,又该怎么办呢?"孔子说:"让他们富裕起来。"冉有说:"已经富裕了,又该怎么办呢?"孔子说:"再教育他们。"

精彩评点

在本章里,孔子提出"富民"和"教民"的思想,而且是"先富后教"。这是正确的。但这并不是说,对老百姓只富不教。在孔子的观念中,教化百姓始终是十分重要的问题。所以,在这里,一定要注意深入理解孔子的原意。

子曰:"苟有用我者①,期月而已可也②,三年有成。"

要点注释

①**苟**:如果,假如。 ②**期月**:十二个月,即一周年。"期(jī 基)",周。

参考译文

孔子说:"如果有人用我治理国家,一周年就可以初具规模,有可观之处,三年功业会大有成效。"

子曰:"'善人为邦百年,亦可以胜残去杀矣。'诚哉是言也①!"

要点注释

①**是**:代词。这,此。

参考译文

孔子说:"'善人治理国家一百年,也就可以克服残暴、免去刑杀了。'真对啊,这话!"

精彩评点

孔子说，善人需要一百年的时间，可以"胜残去杀"，达到他所理想的境界。其实，从这句话的本意去理解，善人施行"德治"，但并不排除刑罚的必要手段。这在现实的政治活动中，并不是可有可无的。

子曰："如有王者①，必世而后仁②。"

要点注释

①**王者**：能治国安邦、以德行仁的贤明君王。　②**世**：三十年是一世。

参考译文

孔子说："如果有王者兴起，必须三十年以后才能使仁道行于天下。"

子曰："苟正其身矣，于从政乎何有？不能正其身，如正人何？"

参考译文

孔子说："如果端正了自身品行，从事政治还有什么困难呢？如果自身不能端正，怎样使别人端正呢？"

精彩评点

俗话说："正人先正己。"本章里孔子所讲的就是这个道理。孔子把"正身"看作是从政为官的重要方面，是有深刻的思想价值的。

冉子退朝①。子曰："何晏也②？"对曰："有政。"子曰："其事也。如有政，虽不吾以③，吾其与闻之。"

要点注释

①**冉子**：冉求。曾任季氏宰（家臣）。参阅《八佾篇第三》第六章注。　②**晏**(yàn 砚)：晚，迟。　③**吾以**：用我。"以"，用。

参考译文

冉求从季氏官府办完公事回来。孔子说："为何回来晚了？"冉求回答说："有政务。"孔子说："是季氏私家的事务吧。如果有国家政务，虽然国君不任用我了，我也会有所闻的。"

定公问:"一言而可以兴邦,有诸①?"孔子对曰:"言不可以若是其几也②,人之言曰:'为君难,为臣不易。'如知为君之难也,不几乎一言而兴邦乎?"曰:"一言而丧邦,有诸?"孔子对曰:"言不可以若是其几也,人之言曰:'予无乐乎为君,唯其言而莫予违也。'如其善而莫之违也,不亦善乎? 如不善而莫之违也,不几乎一言而丧邦乎?"

要点注释

①诸:"之乎"二字的合音。 ②几(jī 基):将近,接近。

参考译文

鲁定公问: "一句话就可以使国家兴盛,有这样的话吗?"孔子回答说: "话不可以讲得像这样肯定,但有与这接近的,有人说:'做君主难,做臣也不容易。'如果知道做君主难,这岂不接近于'一句话就可以使国家兴盛'吗?"鲁定公说: "一句话就可以使国家灭亡,有这样的话吗?"孔子回答说: "话不可以讲得像这样肯定,但有与这接近的,有人说:'我做君主并没有什么可高兴的,只是高兴我说的话没有人违抗。'如果君主说的话正确,而没有人违抗,不也是很好吗? 如果说的话不正确,而没有人违抗,这岂不接近于'一句话就可以使国家灭亡'吗?"

叶公问政①。子曰:"近者说,远者来。"

要点注释

①叶公:姓沈,名诸梁,楚国大夫。参阅《述而篇第七》第十九章注。

参考译文

叶公问怎样为政。 孔子说: "使近处的人民感到喜悦,远处的人民来投奔归附。"

子夏为莒父宰①,问政。子曰:"无欲速,无见小利。欲速,则不达,见小利,则大事不成。"

要点注释

①莒父(jǔ fǔ 举甫):鲁国城邑名,在今山东省莒县境内。一说,在高密县东南。

参考译文

子夏到莒父当地方长官，问怎样为政。 孔子说："不要求速成，不要贪图小利。 想求速成，反而达不到目的；贪图小利，就做不成大事。"

精彩评点

"欲速则不达"，贯穿着辩证法思想，即对立着的事物可以互相转化。孔子要求子夏从政不要急功近利，否则就无法达到目的；不要贪求小利，否则就做不成大事。

叶公语孔子曰："吾党有直躬者①，其父攘羊，而子证之②。"孔子曰："吾党之直者异于是：父为子隐③，子为父隐，直在其中矣。"

要点注释

①**直躬者**：犹言正直、坦率的人。"躬"，身。 ②**攘**(rǎng 嚷)：偷，窃，抢。**证**：检举，告发。 ③**父为子隐**："隐"，隐瞒，隐讳。儒家提倡父慈子孝，即使对方有错，也要在外人面前为之隐瞒。这反映了儒家思想的局限性。

参考译文

叶公对孔子说："我的家乡有个正直的人，他的父亲偷了羊，他便去告发。"孔子说："我们家乡的正直的人和你所讲的不一样：父亲为儿子隐瞒，儿子为父亲隐瞒，正直的品德就在其中了。"

樊迟问仁。子曰："居处恭，执事敬，与人忠。虽之夷狄①，不可弃也。"

要点注释

①**之**：动词。到，去，往。

参考译文

樊迟问怎样是仁。 孔子说："在家能恭敬规矩，办事能认真谨慎，对人能忠实诚恳。 虽然到了夷狄，这三种德行也是不可放弃的。"

精彩评点

这里孔子对"仁"的解释，是以"恭"、"敬"、"忠"三项为基本内涵。在家恭敬有礼，就是要符合孝悌的道德要求；办事严肃谨慎，就是要符合"礼"的要求；待人忠厚诚实显示出仁德的本色。

子贡问曰:"何如斯可谓之士矣?"子曰:"行己有耻,使于四方,不辱君命,可谓士矣。"曰:"敢问其次?"曰:"宗族称孝焉,乡党称弟焉①。"曰:"敢问其次?"曰:"言必信,行必果。硁硁然小人哉②,抑亦可以为次矣。"曰:"今之从政者何如?"子曰:"噫!斗筲之人⑧,何足算也!"

要点注释

①弟:同"悌"。敬爱兄长。 ②硁硁然:"硁(kēng 坑)",形容浅薄固执。孔子认为如果不问是非曲直,在大事上糊涂,只管自己的言行"必信""必果",必然会陷于浅薄固执。《孟子·离娄下》说:"大人者,言不必信,行不必果,惟义所在。"意思是:真正有德行的人,说话不一定句句守信,行为不一定贯彻始终,只要合乎道义,按道义行事便成。这话可作为《论语》本章的补充。 ③斗筲:"筲(shāo 烧)",盛饭用的小竹器,饭筐。斗、筲容量都不大(一斗只容十升;一筲只容五升,一说容一斗二升),引申来形容人的见识短浅.器量狭小。

参考译文

子贡问:"如何才配称为'士'?"孔子说:"对自己的行为能保持羞耻之心;出使到其他国家,能不辜负君主委托的使命,这样的人可配称为'士'了。"子贡说:"我冒昧地问,次一等的呢?"孔子说:"宗族里的人称赞他孝顺父母,乡里的人称赞他敬爱兄长。"子贡说:"我冒昧地问,再次一等的呢?"孔子说:"说话一定守信用,行动一定坚决果断。虽然这样做是浅薄固执的小人,不过也可以作为次一等的了。"子贡说:"如今从政的人如何呢?"孔子说:"咳!这些器量小的卑贱的人,算得了什么!"

精彩评点

孔子观念中的"士",首先是有知耻之心、不辱君命的人,能够担负一定的国家使命。其次是孝敬父母、顺从兄长的人。再次才是"言必信,行必果"的人。至于现在的当政者,他认为是器量狭小的人,根本算不得士。他所培养的就是具有前两种品德的"士"

子曰:"不得中行而与之①,必也狂狷乎②!狂者进取,狷者有所不为也。"

要点注释

①中行:合乎中庸之道的言行。 与:相与,交往,来往;向他传道,同他共事。 ②狂:指志意高远,纵情任性,骄傲自大,但勇往直前,敢作敢为,有进取

精神。　**猏**(juàn倦)：指为人耿直拘谨,洁身自好,安分守己,不求有所作为亦绝不肯同流合污。

参考译文

孔子说：“找不到言行合于中庸之道的人与他交往，那一定是要同狂者和猏者交往了。狂者有进取心，敢作敢为；猏者拘谨，洁身自好，绝不肯做坏事。”

精彩评点

“狂”与“猏”是两种对立的品质。一是流于冒进，进取，敢作敢为；一是流于退缩，不敢作为。孔子认为，中行就是不偏不狂，也不偏于猏。人的气质、作风、德行都不偏于任何一个方面,对立的双方应互相牵制,互相补充,这样,才符合于中庸的思想。

子曰：“南人有言曰：‘人而无恒,不可以作巫医①。’善夫！”“不恒其德,或承之羞②。”子曰：“不占而已矣③。”

要点注释

①巫医：“巫”,巫师,能降神占卜的人。“医”,医师。古代巫、医往往合于一身,巫师亦往往掌握一定的医术,或以禳祷之术替人疗疾。朱熹说：“巫,所以交鬼神；医,所以寄死生。故虽贱役,而犹不可以无常。”　②“不恒”二句：见《易经·恒卦·九三爻辞》。意为：做人如果不能永恒地保持自己的德行(三心二意,没有操守),免不了要承受招来的羞辱。　③占：占卜,算卦。孔子这句话的言下之意或为：没有恒心的人一定遇凶,用不着再去占卜了

参考译文

孔子说：“南方人有句话说：‘人如果没有恒心，不可以当巫医。’这话真好啊！《易经》上也说：‘如果不能永恒地保持自己的德行，免不了要承受羞辱。’”孔子又说：“这就是叫没有恒心的人不用占卦罢了。”

精彩评点

本章中孔子讲了两层意思：一是人必须有恒心,这样才能成就事业。二是人必须恒久保持德行,否则就可能遭受耻辱。这是他对自己的要求,也是对学生们的告诫。

子曰:"君子和而不同①,小人同而不和。"

要点注释

①和,同:这是春秋时代常用的两个概念。"和",和谐,调和,互相协调。指不同性质的各种因素的和谐统一。如五味的调和,八音的和谐。君子尚义,无乖戾之心,能和谐共处,但不盲从附和,能用自己的正确意见来纠正别人的错误意见,故说"和而不同"。"同",相同,同类,同一。小人尚利,在利益一致时,同流合污,能够"同";然一旦利益发生冲突,则不能和谐相处,更不能用道义来协调人情世故。故说"同而不和"。

参考译文

孔子说: "君子,讲求和谐而不盲从附和;小人,同流合污而不能和谐。"

精彩评点

"和而不同"是孔子思想体系中的重要组成部分。"君子和而不同,小人同而不和。"君子可以与他周围的人保持和谐融洽的关系,但他对待任何事情都必须经过自己大脑的独立思考,从来不愿人云亦云,盲目附和;但小人则没有自己独立的见解,只求与别人完全一致,而不讲求原则,但他却与别人不能保持融洽友好的关系。这是在处世为人方面。其实,在所有的问题上,往往都能体现出"和而不同"和"同而不和"的区别。"和而不同"显示出孔子思想的深刻哲理和高度智慧。

子贡问曰:"乡人皆好之①,何如?"子曰:"未可也。""乡人皆恶之②,何如?"子曰:"未可也。不如乡人之善者好之,其不善者恶之。"

要点注释

①好(hào 号):喜爱,称道,赞扬。 ②恶(wù 务):憎恨,讨厌。

参考译文

子贡问: "全乡都喜欢的人,如何呢?"孔子说: "未必就是好。"子贡又问: "全乡都憎恶的人,如何呢?"孔子说: "未必就是不好。 不如是全乡中的好人都喜欢他,坏人都讨厌他。"

子曰:"君子易事而难说也①。说之不以道,不说也。及其使人也,器之。小人难事而易说也。说之虽不以道,说也;及其使人也,求备焉。"

要点注释

①**易事**:易与共事,侍奉他、给他做事容易。 **说**:同"悦"。

参考译文

孔子说:"给君子做事容易,却难以讨他的喜欢。 不以正道去讨他的喜欢,他是不喜欢的。 而到他使用人的时候,对人却能按才能的大小合理使用他。 给小人做事很困难,却容易讨他喜欢。 虽然不以正道去讨他的喜欢,他也会喜欢的。 而到他使用人的时候,对人就求全责备。"

精彩评点

这一章里,孔子又提出了君子与小人之间的另一个区别。这一点也是十分重要的。作为君子,他并不对人百般挑剔,而且也不轻易表明自己的喜好,但在选用人才的时候,往往能够量才而用,不会求全责备。但小人就不同了。在现实社会中,君子并不多见,而此类小人则屡见不鲜。

子曰:"君子泰而不骄①,小人骄而不泰。"

要点注释

①**泰,骄**:皇侃《论语义疏》:"君子坦荡荡,心貌怡平,是泰而不为骄慢也;小人性好轻凌,而心恒戚戚,是骄而不泰也。"朱熹说:"君子循理,故安舒而不矜肆。小人逞欲,故反是。"

参考译文

孔子说:"君子安舒坦然而不骄傲放肆,小人骄傲放肆而不安舒坦然。"

宪问篇第十四

文题背景

本篇共计44篇。其中著名文句有:"见危授命,见利思义";"君子上达,小人下达";"古之学者为己,今之学者为人";"不在其位,不谋其政";"君子思不出其位";"君子耻其言而过其行";"修己以安百姓";"仁者不忧,智者不惑,勇者不惧"。这一篇中所包括的主要内容有:作为君子必须具备的某些品德;孔子对当时社会上的各种现象所发表的评论;孔子提出"见利思义"的义利观等。

宪问耻①。子曰:"邦有道,谷②。邦无道,谷,耻也。""克、伐、怨、欲③,不行焉,可以为仁矣?"子曰:"可以为难矣,仁则吾不知也。"

要点注释

①宪:即原思。参阅《雍也篇第六》第五章注。原思,当属于前章孔子所说的"狷者"类型的人物,故孔子言"邦有道"应有为而立功食禄,"邦无道"才应独善而不贪位慕禄,以激励原思的志向,使他自勉而进于有为。 ②谷:谷米。指当官拿俸禄。 ③克:争强好胜。 伐:自我夸耀。 怨:怨恨,恼怒。 欲:贪求多欲。

参考译文

原宪问怎样是可耻。 孔子说:"国家有道,应做官拿俸禄;国家无道,仍然做官拿俸禄,就是可耻。"原宪又问:"好胜,自夸,怨恨,贪欲,这些毛病都能克制,可以算做到了仁吧?"孔子说:"可以说是难能可贵的,至于算不算做到仁,我不知道。"

精彩评点

在《述而》篇第13章里,孔子谈到过有关"耻"的问题,本章又提到"耻"的问题。孔子在这里认为,做官的人应当竭尽全力为国效忠,无论国家有道还是无道,都照样拿俸禄的人,就是无耻。

子曰:"士而怀居①,不足以为士矣。"

要点注释

①怀居:"怀",留恋,思念。"居",家居,家庭。《左传》上有"怀与安,实败名"的话(《僖公二十三年》),士若怀恋家居之安,心有所累,就成就不了事业。

参考译文

孔子说:"作为'士',如果留恋家庭,就不足以称为'士'了。"

子曰:"邦有道,危言危行①;邦无道,危行言孙②。"

要点注释

①危:正直。言人所不敢言,行人所不敢行。 ②孙:同"逊",谦逊,恭顺。

在这里,有随和顺从而谨慎之意。孔子认为,处乱世,要"言孙"以避祸,不应"危言"而招祸(作无谓牺牲)。

参考译文

　　孔子说:"国家有道,要说话正直,行为正直;国家无道,行为仍可正直,但说话要随和顺从。"

　　子曰:"有德者必有言,有言者不必有德。仁者必有勇,勇者不必有仁。"

参考译文

　　孔子说:"有德行的人一定有好的言论,有好的言论的人却不一定有德行。有仁德的人必定勇敢,勇敢的人却不一定有仁德。"

精彩评点

　　这一章解释的是言论与道德、勇敢与仁德之间的关系。这是孔子的道德哲学观,他认为勇敢只是仁德的一个方面,二者不能画等号,所以,人除了有勇以外,还要修养其他各种道德,从而成为有德之人。

　　南宫适问于孔子曰①:"羿善射②,奡荡舟③,俱不得其死然。禹、稷躬稼而有天下④。"夫子不答。南宫适出。子曰:"君子哉若人!尚德哉若人!"

要点注释

　　① **南宫适**:孔子弟子。参阅《公冶长篇第五》第二章注。　　② **羿**:在上古神话传说中有三个羿,都是善于射箭的英雄。一是唐尧时的射箭能手。传说尧时十日并出,晒得大地河干草枯,羿射掉九日以解救民困。二是帝喾时的射师。三是夏时有穷国的君主。传说他本是夷族的一个首长,曾一度篡夺了夏的政权而代理夏政。其理政后荒淫喜猎,把朝政交给亲信家臣寒浞(zhuó 浊)管理。寒浞觊觎羿的地位和美貌的妻子,收买了羿的家奴逢蒙,乘羿打猎回来毫无防备,将其杀害。本章中的羿即指有穷国的羿。　　③ **奡荡舟**:"奡(ào 傲)",一作"浇"。寒浞的儿子。是个大力士,又善于水战。传说他能"陆地行舟(在陆地上推着船走)"。"荡舟"。摇船,划船。据顾炎武《日知录》说:古人以左右冲杀为"荡"。这里便可理解为水战,即以舟师冲杀。《竹书纪年》曾记:"奡伐斟鄩,大战于淮,覆其舟,灭之。"后在征战中,奡被夏朝中兴之主少康所杀。　　④ **禹**:夏代开国祖先,善治水,重视发展农业。　　**稷**(jì 计):传说是帝喾之子,名弃,善农耕,尧举为农师。至舜时,受封于邰(今陕西省武功县西南),号曰"后稷",别

姓姬氏,是周朝的祖先。后世又被奉为谷神。

◆◇参考译文◇◆

南宫适问孔子:"羿善于射箭,奡善于水战,最后都不得好死。禹善治水、稷亲自种庄稼,却取得了天下。应怎样评价这些历史人物呢?"孔子没回答。南宫适出去了。孔子说:"真是君子啊,这个人!真是尊崇道德啊,这个人!"

◆◇精彩评点◇◆

孔子是道德主义者,他鄙视武力和权术,崇尚朴素和道德。南宫适认为禹、稷以德而有天下,羿、奡以力而不得其终。孔子就说他很有道德,是个君子。后代儒家发展了这一思想,提出"恃德者昌,恃力者亡"的主张,要求统治者以德治天下,而不要以武力得天下,否则,最终是没有好下场的。

子曰:"君子而不仁者有矣夫,未有小人而仁者也。"

◆◇参考译文◇◆

孔子说:"君子当中没有仁德的人是有的呀,可是小人当中从来没有有仁德的人。"

子曰:"爱之,能勿劳乎①? 忠焉,能勿诲乎?"

◆◇要点注释◇◆

①劳:勤劳,劳苦,操劳。此有进行劳动教育的含意。朱熹《四书集注》说:"爱而知劳之,则其为爱也深矣;忠而知诲之,则其为忠也大矣。"《国语·鲁语下》:"夫民劳则思,思则善心生;逸则淫,淫则忘善,忘善则恶心生。"

◆◇参考译文◇◆

孔子说:"爱他,能不让他勤劳吗? 忠于他,能不劝告教诲他吗?"

子曰:"为命①,裨谌草创之②,世叔讨论之③,行人子羽修饰之④,东里子产润色之⑤。"

◆◇要点注释◇◆

①命:旧注谓指诸侯"盟会之辞",即外交辞令。 ②裨谌(pí chén 皮臣):郑国大夫。 ③世叔:《左传》作"子太叔"("太"、"世"二字古时通用),名游

吉,郑国大夫。子产死后,继任郑国宰相。　④**行人**:掌使之官(外交官员)。**子羽**:公孙挥,字子羽。郑国大夫。　⑤**东里**:郑国邑名,在今河南郑州市,子产所居。　**子产**:名侨,字子产。郑国大夫,后任宰相。

参考译文

　　孔子说:"郑国创制外交公文,总是由裨谌创作写出草稿;由世叔组织讨论;由外交官员子羽加以修饰;再由东里的子产润色。"

　　或问子产,子曰:"惠人也。"问子西①,曰:"彼哉!彼哉②!"问管仲,曰:"人也。夺伯氏骈邑三百③,饭疏食,没齿无怨言④。"

要点注释

　　①**子西**:春秋时,载入史籍的有三个子西。其一,楚国的公子申(楚平王的庶长子),曾任令尹(即宰相),有贤名,立楚昭王。他和孔子同岁,死于孔子之后。其二,楚国的斗宜申。后谋乱被杀。生活在鲁僖公、鲁文公之世。其三,郑国的公孙夏,是子产(公孙侨)的同宗兄弟。曾掌握郑国政权,他死后,才由子产继他而执政。生当鲁襄公之世。本章的子西,或说指楚国的公子申,或说指郑国的公孙夏,已不可确考。　②**"彼哉"句**:他呀,他呀。这是古代曾经流行的一个习惯用语,表示轻视,犹言算得了什么,不值得一提。　③**伯氏**:名偃,齐国大夫。骈邑:齐国的地名。据清代阮元《积古斋钟鼎彝器款识》考证,今山东省临朐县柳山寨,即春秋时的骈邑,现仍残留有古城城基。　④**没(mò默)齿**:老到牙齿都掉没了。指老死,终身。　**无怨言**:没有抱怨、怨恨的话。史载:伯氏有罪,管仲为宰相,奉齐桓公之命,依法下令剥夺了伯氏的封地邑三百户。因管仲执法公允,所以伯氏口服心服,始终无怨言。

参考译文

　　有人问到子产是怎样的人,孔子说:"是惠爱于民的人。"问到子西,孔子说:"他呀!他呀!"问到管仲,孔子说:"是个人才。他剥夺了伯氏骈邑的三百户封地,伯氏只得吃粗粮和蔬菜,可是直到老死,也没有怨言。"

　　子曰:"贫而无怨难,富而无骄易。"

参考译文

　　孔子说:"贫穷而没有怨恨,是困难的;富裕了而不骄傲,是容易的。"

子曰："孟公绰为赵、魏老则优①，不可以为滕、薛大夫②。"

要点注释

①**孟公绰**：鲁国大夫，属于孟孙氏家族。廉静寡欲而短于才。其德为孔子所敬重。　**老**：古代对大夫家臣之长的尊称，也称"室老"。　②**滕，薛**：古代两个小诸侯国。"滕"，故城在今山东省滕州市西南十五里。"薛"，故城在今山东省滕州市东南四十余里官桥至薛城一带。为何孟公绰不宜任小国的大夫呢？朱熹说："大家势重，而无诸侯之事；家老望尊，而无官守之责。""滕、薛国小政繁，大夫位高责重。"所以，孔子说像孟公绰这种"廉静寡欲而短于才"的人，可以任大国上卿的家臣（望尊而职不杂，德高则能胜任），而不可以任小国的大夫（政烦责重，才短则难以胜任）。这说明了知人善任的重要性。

参考译文

孔子说："孟公绰做赵氏、魏氏的家臣，那才力有余；但是不可以做滕、薛的大夫。"

子路问成人①。子曰："若臧武仲之知②，公绰之不欲，卞庄子之勇③，冉求之艺，文之以礼乐，亦可以为成人矣。"曰："今之成人者何必然？见利思义，见危授命，久要不忘平生之言④，亦可以为成人矣。"

要点注释

①**成人**：完人；人格完备，德才兼备的人。　②**臧武仲**：即臧孙纥(hé 盒)，臧文仲之孙。鲁国大夫，因不容于鲁国权臣而出逃。逃到齐国后，他预料到齐庄公不能长久，便设法拒绝了齐庄公给他的田，孔子认为他很明智（见《左传·襄公二十三年》）。　③**卞庄子**：鲁国大夫，封地在卞邑（今山东省泗水县东）。传说他曾一个人去打虎，以勇著称。一说，即孟庄子。　④**久要**：长久处于穷困的境遇。"要(yāo 腰)"，通"约"。穷困。一说，"久要"即旧约，旧时答应过别人的话，从前同别人约定的事。　**平生**：平日。

参考译文

子路问怎样才是一个完美的人。　孔子说："假若有臧武仲的明智，孟公绰的清心寡欲，卞庄子的勇敢，冉求的多才多艺，再用礼乐以增文采，也就可以成为完美的人了。"　孔子又说："现在要成为完美的人何必一定这样要求呢？只要他见到财利时能想到道义，遇到国家有危难而愿付出生命，长久处于穷困的境遇也不忘记平日的诺言，也就可以成为一个完美的人了。"

精彩评点

本章谈人格完善的问题。孔子认为，要想完善，应当富有智慧、克制、勇敢、多才多艺和礼乐修饰。谈到这里，孔子还认为，有完善人格的人，应当做到在见利见危和久居贫困的时候，能够思义、授命、不忘平生之言，这样做就符合于义。尤其是本章提出"见利思义"的主张，即遇到有利可图的事情，要考虑是否符合义，不义则不为。这句话对后世产生了极大影响。

子问公叔文子于公明贾曰①："信乎，夫子不言、不笑、不取乎②？"公明贾对曰："以告者过也③。夫子时然后言，人不厌其言；乐然后笑，人不厌其笑；义然后取，人不厌其取。"子曰："其然？岂其然乎？"

要点注释

①**公叔文子**：名拔（一作发）。卫国大夫，卫献公之孙。死后谥号"文"，故称公叔文子。　**公明贾**：姓公明，名贾。卫国人。公叔文子的使臣。一说，"公明"即"公羊"，是《礼记》中说的公羊贾。　②**夫子**：敬称公叔文子。　③**过**：说得过分，传话传错了。

参考译文

孔子向公明贾问到公叔文子，说："是真的吗？有人说公叔文子老先生不说、不笑、不取财。"公明贾回答说："这是传话的人说得过分了。公叔文子老先生是到适当的时候然后说，别人就不讨厌他的讲话；快乐了然后笑，别人就不讨厌他的笑；符合礼义然后取财，别人就不讨厌他的取。"孔子说："原来是这样，怎么会传成那样呢？"

子曰："臧武仲以防求为后于鲁①，虽曰不要君②，吾不信也。"

要点注释

①**"臧武"句**："防"，鲁国地名，在今山东省费县东北六十里的华城，紧靠齐国边境，是臧武仲受封的地方。公元前550年（鲁襄公二十三年），臧武仲因帮助季氏废长立少得罪了孟孙氏，逃到邻近邾国。不久，他又回到他的故邑防城，向鲁国国君请求为臧氏立后代（让他的子孙袭受封地，并任鲁国大夫）。言辞甚逊，但言外之意：否则将据邑以叛。得到允许后，他逃亡到齐国（见《左传·襄公

二十三年》)。 ②要(yāo 腰):胁迫,要挟。

参考译文

孔子说:"臧武仲凭借他的封地防城而请求鲁国国君为他在鲁国立后代为大夫,虽然有人说臧武仲这样做不是要挟君主,可是我不相信。"

精彩评点

臧武仲因得罪孟孙氏逃离鲁国,后来回到防城,向鲁君要求,以立臧氏之后为卿大夫作为条件,自己离开防邑。孔子认为他以自己的封地为据点,想要挟君主,犯上作乱,犯下了不忠的大罪。所以他说了上面这段话。

子曰:"晋文公谲而不正①,齐桓公正而不谲②。"

要点注释

①晋文公:春秋时有作为的政治家。晋献公之子,姓姬,名重耳。因献公宠骊姬,立幼子为嗣,他受到迫害,流亡国外十九年;后由秦国送回晋国,即位,为文公。他整顿内政,加强军队,使国力强盛。又平定周朝内乱,迎接周襄王复位,以"尊王"相号召。他伐卫攻楚,"城濮之战"用阴谋而大败楚军。在践土(今河南省荥阳县东北)大会诸侯,成为春秋时著名的霸主之一。公元前636—前628年在位。 谲(jué 绝):欺诈,玩弄权术,耍弄阴谋手段。 ②齐桓公:春秋时有作为的政治家。姓姜,名小白,姜尚(太公)的后人,齐襄公之弟。襄公被杀后,他从莒回国,取得政权。任用管仲为相,进行改革,富国强兵。以"尊王攘夷"相号召,帮助燕国打败北戎,营救邢、卫二国,制止戎狄入侵;又联合中原诸侯进攻蔡、楚,与楚会盟于召陵(今河南省郾城东北);还平定了东周王室的内乱,多次与诸侯结盟,互不使用武力,使天下太平了四十年。齐桓公成为春秋时第一个霸主。公元前685—前643年在位。

参考译文

孔子说:"晋文公诡诈不正派;齐桓公正派不诡诈。"

子路曰:"桓公杀公子纠①,召忽死之②,管仲不死。"曰:"未仁乎?"子曰:"桓公九合诸侯③,不以兵车④,管仲之力也!如其仁!如其仁!"

要点注释

①公子纠:小白(即后来的齐桓公)的哥哥。他二人都是齐襄公的弟弟。襄

公无道,政局混乱,他二人怕受连累,于是,小白由鲍叔牙侍奉逃亡莒国,公子纠由管仲、召忽侍奉逃亡鲁国。而后,齐襄公被公孙无知杀死,公孙无知立为君。次年,雍廪又杀死公孙无知,齐国当时就没有国君了。在鲁庄公发兵护送公子纠要回齐国即位的时候,小白用计抢先回到齐国,立为君。接着兴兵伐鲁,逼迫鲁国杀死了公子纠(见《左传》庄公八年、九年)。 **②召忽**:他与管仲都是公子纠的家臣、师傅。公子纠被杀后,召忽自杀殉节。管仲却归服齐桓公,并由鲍叔牙推荐当了宰相。 **③九合诸侯**:多次会合诸侯。"九",不是确数,极言其多。一说,"九"便是"纠",古字通用。"合",集合。 **④不以**:不用。 **兵车**:战车。代指武力。

参考译文

子路说:"齐桓公杀了公子纠,召忽自杀殉节,但管仲却没有自杀。"子路又说:"这样,管仲算是没有仁德吧?"孔子说:"齐桓公多次召集各诸侯国,主持盟会,没用武力,而制止了战争,这都是管仲的功劳。 这就算他的仁德! 这就算他的仁德!"

子贡曰:"管仲非仁者与? 桓公杀公子纠,不能死,又相之。"子曰:"管仲相桓公,霸诸侯,一匡天下[①],民到于今受其赐。微管仲[②],吾其被发左衽矣[③]。岂若匹夫匹妇之为谅也[④],自经于沟渎而莫之知也[⑤]?"

要点注释

①一匡天下:使天下的一切得到匡正。"匡",正,纠正。 **②微**:非,无,没有。一般用于和既成事实相反的假设句前面。 **③被发左衽**:当时边疆地区夷狄少数民族的风俗、打扮。"被",同"披"。"衽(rèn 任)",衣襟。 **④匹夫匹妇**:指一般的平民百姓,平庸的人。 **谅**:信实,遵守信用。这里指拘泥小的信义、小的节操。 **⑤自经**:自缢,上吊自杀。 **沟渎(dú 毒)**:古时,田间水道称沟,邑间水道称渎。这里指小山沟。

参考译文

子贡说:"管仲不是仁人吧? 桓公杀了公子纠,管仲没自杀,却又辅佐桓公。"孔子说:"管仲辅佐桓公,使齐国在诸侯中称霸,匡正了天下,人民到如今还受到他给的好处。 如果没有管仲,我们恐怕已经沦为披头散发衣襟在左边开的落后民族了。 难道管仲像一般的平庸男女那样,为了守小节,在小山沟里上吊自杀,而不被人所知道吗?"

精彩评点

本章和上一章都是评价管仲。孔子也曾在别的章节中说到管仲的不是之处,但总的来说,他肯定了管仲有仁德。根本原因就在于管仲"尊王攘夷",反对使用暴力,而且阻止了齐鲁之地被"夷化"的可能。孔子认为,像管仲这样有仁德的人,不必像匹夫匹妇那样,斤斤计较他的节操与信用。

公叔文子之臣大夫僎,与文子同升诸公①。子闻之,曰:"可以为'文'矣②。"

要点注释

①僎(xún 寻):人名。原是公叔文子的家臣,由于文子的推荐,当上卫国的大夫。 **同升诸公:**谓僎由家臣经公叔文子推荐而与之同为卫国的大夫。"公",公室,朝廷。 ②**为文:**谥号为"文"。实际上,公叔文子死后,其子戍请谥于君。卫君说:过去卫国遭荒年时,公叔文子曾煮粥赈济,施恩惠于饥民;又在国家危难时对君王表现非常忠贞。故给他的谥号是"贞惠文子"。

参考译文

公叔文子的家臣大夫僎,与文子同在朝廷为大夫。 孔子听到这件事,说:"公叔文子死后可以用'文'作谥号了。"

子言卫灵公之无道也,康子曰:"夫如是,奚而不丧①?"孔子曰:"仲叔圉治宾客②,祝鮀治宗庙③,王孙贾治军旅。夫如是,奚其丧?"

要点注释

①奚:为何,为什么。 ②**仲叔圉**(yǔ 雨):即孔文子。卫国大夫,世袭贵族。 ③**祝鮀**(tuó 驼):卫国大夫,世袭贵族。

参考译文

孔子说到卫灵公的昏庸无道,季康子说:"像这样无道,为什么还不失位丧亡呢?"孔子说:"有仲叔圉接待宾客办理外交,祝鮀主管祭祀,王孙贾统率军队。 像这样用人得当,怎么会失位败亡呢?"

子曰:"其言之不怍①,则为之也难。"

要点注释

①怍(zuò 作):惭愧。这里是形容好说大话,虚夸,而不知惭愧的人。这种

人善于吹嘘，自然就难以实现他所说的话。

参考译文

孔子说："一个人大言不惭，那么实际去做就困难了。"

陈成子弑简公①。孔子沐浴而朝②，告于哀公曰："陈恒弑其君，请讨之。"公曰："告夫三子③！"孔子曰："以吾从大夫之后④，不敢不告也。君曰'告夫三子'者！"之三子告⑤，不可。孔子曰："以吾从大夫之后，不敢不告也。"

要点注释

①**陈成子**：齐国大夫陈恒，又名田成子。他在齐国用大斗借粮、小斗收粮的方法，获得百姓拥护。政治上逐渐取得优势后，在公元前481年（鲁哀公十四年）杀死齐简公，掌握了齐国政权。此后的齐国在历史上也称"田齐"。　　**简公**：齐简公，姓姜，名壬。公元前484—前481年在位。　　②**沐浴**：洗头，洗澡。指上朝前表示尊敬与严肃而举行的斋戒。　　③**告夫三子**："三子"，指季孙氏、孟孙氏、叔孙氏。因当时的季孙、孟孙、叔孙权势很大，实际操纵鲁国政局，鲁哀公不敢做主，故叫孔子去报告这三位大夫。　　④**从大夫之后**：犹言我过去曾经当过大夫。参阅《先进篇第十一》第八章注。　　⑤**之**：去，往，到。

参考译文

陈成子杀了齐简公，孔子得知马上沐浴上朝，向鲁哀公报告说："陈恒弑其君主，请出兵讨伐。"哀公说："去报告三位大夫吧！"孔子说："因为我曾经当过大夫，不敢不来报告。君主却说'去报告三位大夫吧！'"孔子到三位大夫那里去报告，他们表示不可以出兵。孔子又说："因为我曾当过大夫，不敢不来报告。"

精彩评点

陈成子杀死齐简公，这在孔子看来真是"不可忍"的事情。尽管他已经退官家居了，但他还是郑重其事地把此事告诉了鲁哀公，当然这违背了"不在其位，不谋其政"的戒律。他的请求遭到哀公的婉拒，所以孔子心里一定是很抱怨，但又无能为力。

子路问事君。子曰："勿欺也，而犯之①。"

要点注释

①**犯**：触犯，冒犯。这里引申为对君主犯颜诤谏。

参考译文

子路问怎样侍奉君主。 孔子说："不要欺骗他，而要直言规劝他。"

子曰："君子上达，小人下达①。"

要点注释

①上达，下达：古今学者解释各有不同：一，君子通达于仁义，小人通达于财利。二，上达指渐进而上，下达指渐流而下。有"君子天天长进向上，小人日日沉沦，每况愈下"之意。三，君子循天理，故日进乎高明；小人徇人欲，故日究乎污下。四，君子追求高层次的通达，小人追求低层次的通达。五，君子上达达于道，小人下达达于器。本书取第一说。其余供参考。

参考译文

孔子说："君子通达于仁义，小人通达于财利。"

子曰："古之学者为己，今之学者为人。"

参考译文

孔子说："古代学习的人，是为了充实提高自己；现在学习的人，是为了装饰门面做样子给别人看。"

蘧伯玉使人于孔子①，孔子与之坐而问焉，曰："夫子何为?"对曰："夫子欲寡其过而未能也。"使者出，子曰："使乎! 使乎!"

要点注释

①蘧(qú 渠)伯玉：姓蘧，名瑗，字伯玉，卫国大夫。孔子去卫国时，曾住在他家里。当时，蘧伯玉是有名的有道德修养的人，古人对他颇多赞誉，如"蘧伯玉年五十而知四十九年非"(《淮南子·原道训》)，"蘧伯玉行年六十而六十化"(《庄子·则阳篇》)。所谓化就是"与日俱新，随年变化"(郭庆藩《庄子集释》)之意。从本章所叙也可看出：使者说的话很谦卑，而由此却越能显出蘧伯玉善于改过的贤德。

参考译文

蘧伯玉派使者去看望孔子，孔子让他坐下，问道："蘧老先生近来在做些什么?"使者回答说："他老先生想少犯些错误，却常感觉没能做到。"使者走了以后，孔子说："好使者啊! 好使者啊!"

子曰:"不在其位,不谋其政①。"曾子曰②:"君子思不出其位③。"

要点注释

①**"不在"句**:已见前《泰伯篇第八》第十四章,可参阅。 ②**曾子**:曾参。参阅《学而篇第一》第四章注。 ③**"君子"句**:本句也见于《周易·艮卦·象辞》:"君子以思不出其位。"

参考译文

孔子说:"不在那个职位,就不要过问那方面的政事。"曾子说:"君子考虑事情,不应超出他职位的范围。"

精彩评点

"不在其位,不谋其政",这是被人们广为传说的一句名言。这是孔子对于学生们今后为官从政的忠告。他要求为官者各负其责,各司其职,脚踏实地,做好本职分内的事情。"君子思不出位"也同样是这个意思。这是孔子的一贯思想,与"正名分"的主张是完全一致的。

子曰:"君子耻其言而过其行。"

参考译文

孔子说:"君子以说得多做得少为可耻。"

子曰:"君子道者三,我无能焉:仁者不忧,知者不惑,勇者不惧。"子贡曰:"夫子自道也!"

参考译文

孔子说:"君子之道有三条,我都没能做到:仁德的人不忧愁,智慧的人不迷惑,勇敢的人不畏惧。"子贡说:"这正是老师您的自我表述啊!"

子贡方人①。子曰:"赐也贤乎哉? 夫我则不暇②。"

要点注释

①**方**:同"谤",指责,说别人的坏处。一说,比长较短。句中的意思则是:子贡喜欢将人拿来作比较,评论其短长。 ②**不暇**:没有空闲的时间。

◆**参考译文**

子贡指责别人。 孔子说："赐呀，你就那么好吗？对这些情况，我可没有那种闲工夫指责别人。"

子曰:"不患人之不己知①,患其不能也。"

◆**要点注释**

①**患**:忧虑,担心,怕。

◆**参考译文**

孔子说："不忧虑别人不了解自己，只忧虑自己无能。"

子曰:"不逆诈①,不亿不信②,抑亦先觉者,是贤乎!"

◆**要点注释**

①**逆**:预先,预测。　②**亿**:同"臆",主观推测,猜测。

◆**参考译文**

孔子说："事前不预先怀疑别人欺诈，不主观猜测别人不诚实，但若遇上欺诈不诚实的人却也能及早地发现察觉，这样的人该是贤人吧！"

微生亩谓孔子曰①:"丘何为是栖栖者与②? 无乃为佞乎③?"孔子曰:"非敢为佞也,疾固也。"

◆**要点注释**

①**微生亩**:姓微生,名亩。传说是一位年长的隐士。一作"尾生亩"。又说,即微生高。　②**栖栖(xī 西)**:忙碌不安,到处奔波不安定的样子。　③**佞**:花言巧语,能言善辩,卖弄口才。

◆**参考译文**

微生亩对孔子说："孔丘，你为什么做一个这样忙碌不安到处游说的人呢？岂不成了花言巧语的人吗？"孔子说："我不敢花言巧语，而是厌恨那些固执的人。"

子曰:"骥不称其力①,称其德也②。"

要点注释

①骥(jì计)：古代称善跑的千里马。 ②德：这里指千里马能吃苦耐劳的优良品质。

参考译文

孔子说："千里马，值得称赞的不是它善跑的气力，称赞的是它的品质。"

或曰："以德报怨，何如①?"子曰："何以报德? 以直报怨，以德报德。"

要点注释

①以德报怨："德"，恩惠，恩德。"怨"，怨恨，仇怨。这话可能是当时的俗语。《老子》："大小多少，报怨以德。"这是老子哲学中一种调和化解矛盾的思想。孔子对这种思想提出了批评。

参考译文

有人说："用恩德来回报仇怨，如何呢?"孔子说："那么用什么来回报恩德呢? 应该以公平无私来对待仇怨，用恩德来回报恩德。"

精彩评点

孔子不同意"以德报怨"的做法，认为应当是"以直报怨"。这是说，不以有旧恶旧怨而改变自己的公平正直，也就是坚持了正直，"以直报怨"对于个人道德修养极为重要，但用在政治领域，有时就不那么适宜了。

卫灵公篇第十五

文题背景

本篇包括42章，其中著名文句有："无为而治"；"志士仁人，无求生以害仁，有杀身以成仁"；"人无远虑，必有近忧"；"躬自厚而薄责于人"；"君子求诸己，小人求诸人"；"己所不欲，勿施于人"；"小不忍，则乱大谋"；"人能弘道，非道弘人"；"当仁，不让于师"；"有教无类"；"道不同，不相为谋"。本篇内容涉及到孔子的"君子小人"观的若干方面、孔子的教育思想和政治思想，以及孔子在其他方面的言行。

卫灵公问陈于孔子①。孔子对曰:"俎豆之事②,则尝闻之矣③;军旅之事,未之学也。"明日遂行④。

要点注释

①**陈**:同"阵"。军队作战布列阵势。　②**俎豆之事**:指礼节仪式方面的事。"俎(zǔ 祖)",古代祭祀宴享,用以盛放牲肉的器具。"豆",古代盛食物的器具,似高脚盘。二者都是古代祭祀宴享用的礼器。　③**尝**:曾经。　④**遂行**:就走了。

参考译文

卫灵公向孔子询问军队怎样列阵。孔子回答说:"礼节仪式方面的事,我曾听说一些;军队作战方面的事,我没学过。"第二天,孔子就离开了卫国。

精彩评点

卫灵公向孔子寻问有关军事方面的问题,孔子对此很不感兴趣。从总体上讲,孔子反对用战争的方式解决国与国之间的争端,当然在具体问题上也有例外。孔子主张礼治,反对使用武力。见卫灵公无道,而又有志于战伐,不能以仁义治天下,故而未答"军旅之事",第二天就离开了卫国。

在陈绝粮,从者病①,莫能兴②。子路愠见曰③:"君子亦有穷乎?"子曰:"君子固穷④,小人穷斯滥矣⑤。"

要点注释

①**病**:苦,困。这里指饿极了,饿坏了。　②**兴**:起来,起身。这里指行走。　③**愠**(yùn 运):恼怒,怨恨。　④**固**:安守,固守。　⑤**滥**:像水一样漫溢、泛滥。比喻人不能检点约束自己,什么事都干得出来。

参考译文

孔子与弟子们在陈国某地断绝了粮食,随从的人饿坏了,不能起身行走。子路满脸恼怒,来见孔子说:"君子也有困厄的时候吗?"孔子说:"君子困厄时尚能安守,小人困厄了就不约束自己而胡作非为了。"

精彩评点

从本章开始,以后又有若干章谈及君子与小人在某些方面的区别。这里,孔子说到面对穷困潦倒的局面,君子与小人就有了显而易见的不同。

子曰:"赐也①,女以予为多学而识之者与②?"对曰:"然。非与?"曰:"非也,予一以贯之③。"

①赐:端木赐,字子贡。 ②女:同"汝",你。 ③以:用。 一:一个基本的原则、思想。 贯:贯穿,贯通。

孔子说:"端木赐呀,你以为我是学习了很多而又一一记住的吗?"端木赐回答说:"是的。 不是这样吗?"孔子说:"不是的。 我是用一个基本的思想观念来贯穿它们的。"

子曰:"由,知德者鲜矣①。"

①鲜(xiǎn 险):少。因为道德必须由自身加强学习与修养,日积月累,长期努力,才能将其义理得之于心,见之于行,故孔子说"知德者鲜"。

孔子说:"仲由,懂得道德的人少啊。"

子曰:"无为而治者①,其舜也与? 夫何为哉? 恭己正南面而已矣②。"

①无为而治:"无为",无所作为。据传,舜当政时,一切沿袭尧的旧法来治国,似乎没有什么新的改变和作为,而使天下太平。后泛指以德化民,无事于政刑。朱熹《四书集注》说:"圣人德盛而民化,不待其有所作为也。独称舜者,绍尧之后,而又得人以任众职,故尤不见有为之迹也。" ②南面:古代传统礼法,王位总是坐北朝南的。

孔子说:"好像无所作为而使天下得到治理的, 大概只有虞舜吧? 他做了些什么呢? 他只是恭敬郑重地脸朝南面坐着而已。"

"无为而治"是道家所称赞的治国方略,符合道家思想的一贯性。这里,孔子也赞赏无为而治并以舜为例加以说明,这表明,主张积极进取的儒家十分留恋三代的法度礼治,但在当时的现实生活中并不一定要求统治者无为而治。在孔子的观念中,不是无为而治,而是礼治。

子张问行。子曰:"言忠信,行笃敬,虽蛮貊之邦①,行矣。言不忠信,行不笃敬,虽州里②,行乎哉? 立,则见其参于前也③,在舆,则见其倚于衡也④,夫然后行。"子张书诸绅⑤。

要点注释

①蛮:南蛮,泛指南方边疆少数民族。 貊(mò墨):北狄,泛指北方边疆少数民族。 ②州里:古代二千五百家为州。五家为邻,五邻为里。这里代指本乡本土。 ③参:本意为直、高。这里引申为像一个高大的东西直立在眼前。 ④舆(yú余):车。 倚:依靠在物体或人身上。 衡:车辕前的横木。 ⑤书诸绅:即"书之于绅"。"绅",系在腰间下垂的宽大的衣带。把警句、格言写在腰间的大带子上,一低头就能看到,从而时时提醒自己,指导自己的言行。这是古人一种加强自我修养的方法。

参考译文

子张问自己的主张如何能行得通。 孔子说:"说话忠诚守信,行为敦厚恭敬,即使在蛮貊地区,也行得通。 说话不忠信,行为不笃敬,即使在本乡州里,能行得通吗?"忠信笃敬"这几个字站着,仿佛看见它直立在眼前;坐车,仿佛看见它依靠在车辕的横木上。 这样牢记它们才能使自己的主张到处行得通。"子张把孔子的话写在自己的衣带上。

子曰:"直哉,史鱼①! 邦有道如矢,邦无道如矢。君子哉,蘧伯玉②! 邦有道则仕,邦无道则可卷而怀之。"

要点注释

①史鱼:卫国大夫,名鳟(qiū丘),字子鱼。他曾多次向卫灵公推荐贤臣蘧伯玉,未被采纳。史鱼病危临终时,嘱咐儿子,不要"治丧正堂",用这种做法再次劝告卫灵公一定要重用蘧伯玉,而贬斥奸臣弥子瑕。等卫灵公采纳实行之后,才"从丧北堂成礼"。史鱼这种正直的行为,被古人称为"尸谏"(事见《孔子家语》及《韩诗外传》)。 ②蘧伯玉:参见《宪问篇第十四》第二十五章注。

参考译文

孔子说:"史鱼真正直啊! 国家有道,他的言行像射出的箭头一样刚直；国家无道，也像箭头一样刚直。 蘧伯玉真是一位君子啊！国家有道时，出来做官；国家无道时，把正确主张收起来辞官隐居。"

子曰："可与言而不与之言，失人；不可与言而与之言，失言。知者不失人①，亦不失言。"

要点注释

①知：同"智"。智者，聪明人。

参考译文

孔子说："可以与他说谈却不与他说，就会失掉友人错过人才；不可与他谈话却与他谈，就是浪费言语。 聪明人既不失掉友人错过人才，也不浪费言语。"

子曰："志士仁人，无求生以害仁①，有杀身以成仁②。"

要点注释

①求生：贪生怕死，为保活命苟且偷生。 ②杀身：勇于自我牺牲，为仁义当死而死，心安德全。

参考译文

孔子说："有志之士，仁义之人，不能为求得保住生命而损害仁德，而应为做到仁献出生命。"

精彩评点

生命对每个人来讲都是十分宝贵的，但还有比生命更可宝贵的，那就是"仁"。"杀身成仁"，就是要人们在生死关头宁可舍弃自己的生命也要保全"仁"。自古以来，它激励着多少仁人志士为国家和民族的生死存亡而抛头颅洒热血，谱写了一首首可歌可泣的壮丽诗篇。

子贡问为仁。子曰："工欲善其事①，必先利其器②。居是邦也，事其大夫之贤者③，友其士之仁者。"

要点注释

①善：用作动词，做好，干好，使其完善。 ②利：用作动词，搞好，弄好，使其精良。 ③事：侍奉，为……服务。

参考译文

　　子贡问怎样实行仁德。 孔子说："工匠要把活儿干得好，必须先把工具弄得精良合用。 要实行仁德，住在一个国家，就要侍奉大夫中有贤德的人，与士中有仁德的人交朋友。"

　　颜渊问为邦①，子曰："行夏之时②，乘殷之辂③，服周之冕④，乐则《韶》《舞》⑤，放郑声⑥，远佞人⑦。郑声淫，佞人殆⑧。"

要点注释

　　①为：建设，治理。 邦：邦国，诸侯国。 ②夏之时："时"，时令，时节。此指历法。夏之时，就是沿用至今的夏历（又称阴历，农历）。周历建子（以夏历十一月为正月），殷历建丑（以夏历十二月为正月），夏历建寅（以建寅之月的朔日为岁首），而夏历最合于农时，有利于农业生产，故孔子主张推行夏历。 ③乘殷之辂："辂（lù 路）"，古代的大车。旧说殷代的大车木质优而无饰，最俭朴实用，故孔子提倡"乘殷之辂"。 ④服周之冕："冕"，礼帽。旧说周代的礼帽制作完备而华美，而孔子是一向提倡礼服应讲究、华美的，故说要"服周之冕"。⑤韶：舜时音乐。 舞：同《武》。周武王时音乐。参阅《八佾篇第三》第二十五章注。 ⑥放：驱逐，排斥，禁止。 郑声：郑国的民间音乐。郑国民间音乐形式活泼，与典雅板滞的古乐有很大不同。孔子难以接受，认为它多靡靡之音，故主张"放郑声"。 ⑦远：作动词用。疏远。 ⑧殆：危险。

参考译文

　　颜渊问怎样建设国家。 孔子说："遵行夏代的历法，驾乘殷代的车子，戴周代的礼帽，奏《韶乐》、《舞乐》，舍弃郑国的乐曲，疏远花言巧语、善于狡辩的小人。 郑国的乐曲不正派，花言巧语的小人危险。"

　　子曰："人无远虑，必有近忧①。"

要点注释

　　①远，近：指时间。犹言未来，目前。一说，指地方。朱熹说："人之所履者，容足之外，皆为无用之地，而不可废也。故虑不在千里之外，则患在几席之下矣。"

参考译文

　　孔子说："人没有对将来的考虑，必定会有近在眼前的忧患。"

子曰:"已矣乎,吾未见好德如好色者也^①。"

要点注释

①本章文字与《子罕篇第九》第十八章略同。可参阅。

参考译文

孔子说:"罢了啊,我没见过爱慕德行像爱慕美色那样热切的人。"

子曰:"臧文仲其窃位者与^①!知柳下惠之贤^②,而不与立也^③。"

要点注释

①**臧文仲**:即臧孙辰。鲁国大夫,历仕鲁庄公、鲁闵公、鲁僖公、鲁文公四朝。知贤而不举,故孔子批评他"不仁","窃位"。参见《公冶长篇第五》第十八章注。　**窃位**:窃据高位,占有官位而不称职、不尽责。　②**柳下惠**:本姓展,名获,字禽,又名展季。他的封地(一说是居处)叫"柳下";死后由他的妻子倡议,给他的"私谥"(并非由朝廷授予的谥号)叫"惠",故称"柳下惠"。春秋中期的贤者,鲁国大夫,曾任"士师"(掌管刑狱的官员),以讲究礼节而著称。　③**与立**:即"与之并立于朝",给予官位。一说,"立"同"位"。"与立",即"与位"。

参考译文

孔子说:"臧文仲大概是个窃据官位的人吧!明知柳下惠是贤人,却不举荐他,和他共立于朝。"

子曰:"躬自厚而薄责于人^①,则远怨矣^②。"

要点注释

①**躬自厚**:意为责己要重,应多多反省责备自己。"躬",自身。"厚",这里指厚责,重责。薄责于人:意为待人要宽,要行恕道,少挑别责备别人。"薄责",轻责,少责备。　②**远**:远离,避开。

参考译文

孔子说:"自己多责备自己而少责备别人,就可以避开怨恨了。"

精彩评点

人与人相处难免会有各种矛盾与纠纷。那么,为人处世应该多替别人考虑,从别人的角度看待问题。所以,一旦发生了矛盾,人们应该多作自我批评,而不能一味指责别人的不是。责己严,待人宽,这是保持良好和谐的人际关系所不可缺少的原则。

子曰:"不曰'如之何,如之何'者①,吾末如之何而已矣②。"

要点注释

①如之何:犹言怎么办。孔子这里的意思是:做事一定要经过深思熟虑,多问几个"该怎么办"。因为只有深忧远虑的人,才能真正想出解决问题的好办法。 ②末如之何:犹言没办法。"末",没。

参考译文

孔子说:"不说'怎么办,怎么办'的人,我对这种人也没办法啊。"

子曰:"群居终日,言不及义,好行小慧,难矣哉!"

参考译文

孔子说:"众人整天聚在一处,说的话从不涉及义理,还好卖弄一点小聪明,对这种人真难教育啊!"

子曰:"君子义以为质①,礼以行之,孙以出之②,信以成之。君子哉!"

要点注释

①质:本意为本质、质地。引申为基本原则,根本。 ②孙:同"逊"。 出:出言,表达。

参考译文

孔子说:"君子以义为根本,以礼法来实行义,以谦逊的语言来表达义,以忠诚的态度来完成义,这就是君子啊!"

子曰:"君子病无能焉①,不病人之不己知也。"

要点注释

①病:担心,忧虑。

参考译文

孔子说:"君子只忧虑自己没有才能,不忧虑别人不了解自己。"

子曰："君子疾没世而名不称焉①。"

要点注释

①疾：恨，怕，感到遗憾。　没世：终身，死。　称：称述，称道。

参考译文

孔子说："君子就怕死后没有好的名声被人称颂。"

子曰："君子求诸己①，小人求诸人。"

要点注释

①求：要求。一说，求助，求得。

参考译文

孔子说："君子对自己严要求，小人对他人苛求。"

子曰："君子矜而不争①，群而不党②。"

要点注释

①矜(jīn 今)：庄重，矜持，慎重拘谨。　②党：结党营私，拉帮结伙，互相勾结。

参考译文

孔子说："君子庄重矜持而不同别人争执，合群而不结党营私。"

子曰："君子不以言举人，不以人废言。"

参考译文

孔子说："君子不会根据言论而推举选拔人才，也不会因某人有缺点错误而废弃他的言论。"

精彩评点

这6章基本上全都是讲君子的所作所为与小人的不同。什么是君子呢？孔子认为，他应当注重义、礼、逊、信的道德准则；他严格要求自己，尽可能做到立言立德立功的"三不朽"，传名于后世；他行为庄重，与人和谐，但不结党营私，不以言论重用人,也不以人废其言,等等。当然,这只是君子的一部分特征。

子贡问曰:"有一言而可以终身行之者乎?"子曰:"其'恕'乎! 己所不欲,勿施于人。"

参考译文

子贡问道:"有一个字而可以终身奉行的吗?"孔子说:"那就是'恕'吧! 自己不愿意的,不要加给别人。"

子曰:"吾之于人也,谁毁谁誉①? 如有所誉者,其有所试矣。斯民也,三代之所以直道而行也②。"

要点注释

①毁:诋毁。指称人之恶而失其真。　誉:赞誉,溢美。指扬人之善而过其实。　②"斯民也"句:"斯",此,如此。"民",指用民。"三代",指夏、商、周。此句是说如此用民,无所偏私,这就是三代能按正直之道行事的原因。

参考译文

孔子说:"我对于别人,诋毁过谁? 赞誉过谁? 如有所赞誉,那是经过实践考验过的。 夏商周三代如此大公无私地用民,所以能按正直之道行事。"

子曰:"吾犹及史之阙文也①,有马者借人乘之②。今亡矣夫。"

要点注释

①史之阙文:"阙",同"缺"。指缺疑,存疑。史官记载历史,对于有疑问(缺乏确凿根据)的事,缺而不录,抱存疑态度,故有"阙文"。一说,写史的书吏,遇到可疑的字,存疑待问,宁可把缺少的字空起来,也不创造新字,不妄以己意另写别的字来代替。　②借:借出,把自己的东西暂时给别人使用。句意为:有马的人不敢自私,而愿借给别人骑。一说,"借",借助。句意为:有马的人,不会驾驭(训练)自己的马,而借助善驯马的人来训练。"史阙文"与"马借人"这两句话,看来意义不够连贯。有的学者推测"有马者"句可能是衍文;也有的学者认为,这两件事均说明古人淳厚朴实,与孔子时的人情浇薄不同,故孔子伤叹。可参。

参考译文

孔子说:"早年我还能看到史官存疑的阙文,有马的人把马借给别人骑。这些今天没有了啊。"

子曰："巧言乱德。小不忍则乱大谋。"

参考译文

孔子说："花言巧语会败坏道德。小事上不能忍耐就会坏了大事。"

精彩评点

"小不忍则乱大谋"，这句话在民间极为流行，甚至成为一些人用以告诫自己的座右铭。的确，这句话包含有智慧的因素，尤其对于那些有志于修养大丈夫性格的人来说，此句话是至关重要的。有志向、有理想的人，不应斤斤计较个人得失，更不应在小事上纠缠不清，而应有开阔的胸襟、远大的抱负，只有如此，才能成就大事，从而达到自己的目标。

子曰："众恶之，必察焉；众好之，必察焉。"

参考译文

孔子说："众人都厌恶他，一定要仔细考察详情原因；众人都喜欢他，一定要仔细考察详情原因。"

季氏篇第十六

文题背景

本篇包括 14 章，其中著名的文句有："不患寡而患不均，不患贫而患不安"；"生而知之"；"君子有三戒：少之时，血气未定，戒之在色；及其壮也，血气方刚，戒之在斗；及其老也，血气既衰，戒之在得"；"君子有三畏：畏天命，畏大人，畏圣人之言"。本篇主要谈论的问题包括孔子及其学生的政治活动、与人相处和结交时需注意的原则、君子的三戒、三畏和九思等。

季氏将伐颛臾①。冉有、季路见于孔子曰②："季氏将有事于颛臾③。"孔子曰："求，无乃尔是过与④？夫颛臾，昔者先王以为东蒙主⑤，且在邦域之中矣，是社稷之臣也⑥。何以伐为⑦？"冉有曰："夫子欲之⑧，吾二臣者皆不欲也。"孔子曰："求！周任有言曰⑨：'陈力就列⑩，不能者止。'危而不持，颠而不扶，则将焉用彼相矣⑪？且尔言过矣。虎兕出于柙⑫，龟玉毁于椟中⑬，是谁之过与？"冉有曰："今夫颛臾，固而近于费⑭。今不取，后世必为子孙忧。"孔子曰："求！君子疾夫舍曰欲之而必为之辞⑮。丘也闻有国有家者，不患贫而患不均，不患寡而患不安⑯。盖均无贫，和无寡，安无倾。夫如是，故远人不服，则修文德以来之⑰。既来之，则安之。今由与求也，相夫子，远人不服，而不能来也；邦分崩离析⑱，而不能守也；而谋动干戈于邦内。吾恐季孙之忧，不在颛臾，而在萧墙之内也⑲。"

要点注释

①**季氏**：即季孙氏，指季康子，名肥。鲁国大夫。　**颛臾**（zhuān yú 专鱼）：附属于鲁国的一个小国，子爵。故城在今山东省费县西北八十里。　②**冉有，季路**：孔子弟子。冉有即冉求，字子有，也称冉有。季路即仲由，字子路，因仕于季氏，又称季路。　③**有事**：这里指施加武力，采取军事行动。　④**无乃**：岂不是，恐怕是，难道不是。　⑤**先王**：鲁国的始祖周公（姬旦），系周武王（姬发）之弟，故这里称周天子为先王。东蒙主：谓主祭东蒙山。"东蒙"，即蒙山。因在鲁国东部，故称东蒙。在今山东省蒙阴县南四十里，与费县连接。"主"，主持祭祀。　⑥**社稷之臣**：国家的重臣。　⑦**何以伐为**："何以"，以何，为什么。"为"，语气助词。相当于"呢"。为什么要讨伐他呢？　⑧**夫子**：古时对老师、长者、尊贵者的尊称。这里指季康子。　⑨**周任**：周朝有名的史官。　⑩**陈力**：发挥、尽量施展自己的才力。　就列：走上当官的行列，担任职务。　⑪**相**：辅佐，帮助。古代扶引盲人的人叫"相"。引申为助手。　⑫**兕**（sì 四）：古代犀牛类的野兽。或指雌犀牛。　**柙**（xiá 侠）：关猛兽的木笼子。　⑬**椟**（dú 毒）：木制的柜子，匣子。　⑭**费**（bì 毕）：季氏的采邑。在今山东省费县西南，有费城。颛臾与费邑相距仅七十里，故说"近于费"。　⑮**疾**：厌恶，痛恨。　**辞**：托辞，借口。　⑯**"不患贫"句**：原为"不患寡而患不均，不患贫而患不安"，清代俞樾《群经平议》以为"寡"当作"贫"，"贫"当作"寡"。《春秋繁露·度制》和《魏书·张普惠传》引此文，都是"不患贫而患不均，不患寡而患不安"。据改。朱熹说："均，谓各得其分；安，谓上下相安。"　⑰**来**：通"徕"。招徕，吸引，使其感化归服。　⑱**分崩离析**："崩"，倒塌。"析"，分开。形容集团、国家等分裂瓦解，不可收拾。当时鲁国不统一，四分五裂，被季孙、孟孙、叔孙三大贵族所分割。　⑲**萧墙之内**："萧墙"，宫殿当门的小墙，或称"屏"。古代臣子进见国君，至屏而肃然起敬，故称"萧墙"。"萧"、"肃"古字通。这里用"萧墙"，借指宫内。当时鲁国的国君鲁哀公名义上在位，实际上政权被季康子把持；这样发展下去，一旦鲁君不能容忍，必起内乱。故孔子含蓄地说了这话。

季考译文

季氏将要讨伐颛臾。 冉有、子路去见孔子，说："季氏将对颛臾采取军事行动。"孔子说："冉求！这难道不该归咎于你吗？颛臾，过去周天子曾经授权它主持东蒙山的祭祀，而且就在鲁国的疆域之中，是我们鲁国共安危的臣属，为什么要讨伐它呢？"冉有说："季孙大夫想这么做，我们二人作为家臣，都不想这么做。"孔子说："冉求！周任曾有句话说：'能够施展自己的才力，就担任职务；实在做不到，就该辞职。'比如盲人遇到危险却不扶持拉住他，摔倒了却不搀扶他起来，那么，用你这助手做什么呢？而且你的话错了。 老虎、犀牛从关它的笼子里跑了出来，占卜用的龟甲、祭祀用的玉器在木匣中被毁坏了，这是谁的过错呢？"冉有说："如今颛臾城墙坚固，而且离费邑很近。 现在不占领它，后世必然成为子孙的祸患。"孔子说："冉求！君子厌恶那种嘴上不说'想得到它'，而偏要另找个借口的人。 我听说过，对于拥有国家的诸侯和拥有采邑的大夫，担心的不是贫穷，而是分配不均；担心的不是人少，而是社会不安定。 因为财富分配均匀了，就无所谓贫穷；国内和睦团结了，就不显得人少势弱；社会安定了，国家就没有倾覆的危险。 要是这样做了，远方的人还不归服，便提倡仁义礼乐道德教化，以招徕他们。 远方的人已经来了，就使他安心住下来。 现在仲由、冉求你们二人辅佐季康子，远处的人不归服，而不能招徕他们；国家四分五裂，而不能保全；反而打算在国境之内使用武力。 我只怕季孙氏的忧患，不在颛臾，而在于宫殿的门屏之内呢。"

精彩评点

这一章又反映出孔子的反战思想。他不主张通过军事手段解决国际、国内的问题，而希望采用礼、义、仁、乐的方式解决问题，这是孔子的一贯思想。此外，这一章里孔子还提出了"不患贫而患不均，不患寡而患不安"。朱熹对此句的解释是："均，谓各得其分；安，谓上下相安。"这种思想对后代人的影响很大，甚至成为人们的社会心理。就今天而言，这种思想有消极的一面，基本不适宜现代社会，这是应该指出的。

孔子曰："天下有道，则礼乐征伐自天子出；天下无道，则礼乐征伐自诸侯出。自诸侯出，盖十世希不失矣[①]；自大夫出，五世希不失矣；陪臣执国命[②]，三世希不失矣。天下有道，则政不在大夫。天下有道，则庶人不议。"

要点注释

①"**十世**"句："世"，代。"十世"，即十代。朱熹说："先王之制，诸侯不得变礼乐，专征伐。""逆理愈甚，则其失之愈速。"因为天下无道，天子无实权，才会形成"礼乐征伐自诸侯出"的局面；再混乱，就会到"自大夫出"、"陪臣执国命"的地步。这样的政权当然不会巩固。"十世"及后面的"五世"、"三世"均为约数，只是说明逆理愈甚，则失之愈速。这也是孔子对当时各国政权变动实况进行观察研究而得出的结论。　**希**：同"稀"。少有。　②**陪臣**：卿、大夫的家臣。

参考译文

孔子说："天下有道，制礼作乐，军事征伐，由天子作决定；天下无道，制礼作乐，军事征伐，由诸侯作决定。由诸侯作决定，大概传十代就很少有不丧失政权的；由大夫作决定，传五代就很少有不丧失政权的；由卿、大夫的家臣来掌握国家的命运，传上三代就很少有不丧失政权的。天下有道，国家政权不会落在大夫手里。天下有道，黎民百姓就不议论朝政了。"

孔子曰："禄之去公室五世矣①，政逮于大夫四世矣②，故夫三桓之子孙微矣③。"

要点注释

①**禄**：爵禄。这里代指国家政权。　**公室**：指朝廷。　**五世**：五代。公元前608年，鲁文公死，大夫东门遂（襄仲）杀嫡长子子赤而立宣公，掌握了鲁国政权。宣公死，政权实际上落在季氏手中。到孔子说这段话时，已又经鲁成公、鲁襄公、鲁昭公，到鲁定公，共五代。　②**逮**：及，到。　**四世**：公元前591年，鲁宣公死，季文子驱逐了东门氏，此后，由季氏为正卿，掌握了鲁国政权。从文子，经武子、平子、桓子，到孔子说这段话时，共为四代。　③**三桓**：即鲁国的"三卿"，季孙氏，叔孙氏，孟孙（即仲孙）氏。因这三家都是鲁桓公的后代，故称"三桓"。这三家一直掌握鲁国政权，到鲁定公时，曾出现"陪臣执国命"的局面，三桓势力一度衰弱。

参考译文

孔子说："鲁国的国君失去国家政权有五代了，政权落在大夫季孙氏手里有四代了，所以，桓公的三房子孙就衰微了。"

孔子曰："益者三友，损者三友。友直，友谅①，友多闻，益矣。友便辟②，友善柔③,友便佞④,损矣。"

要点注释

①谅:诚实。　②便辟(pián pì 蹁僻):习于摆架子装样子,内心却邪恶不正。　③善柔:善于阿谀奉承,内心却无诚信。　④便佞(pián nìng 蹁泞):善于花言巧语,而言不符实。

参考译文

孔子说:"有益的朋友有三种,有害的朋友也有三种。　与正直的人交友,与诚信的人交友,与见闻学识广博的人交友,是有益的。　与习于装饰外貌的人交友,与善于阿谀奉承的人交友,与惯于花言巧语的人交友,是有害的。"

孔子曰:"益者三乐,损者三乐。乐节礼乐,乐道人之善,乐多贤友,益矣。乐骄乐,乐佚游①,乐宴乐,损矣。"

要点注释

①佚:同"逸",安闲,休息。

参考译文

孔子说:"有益的快乐有三种,有损的快乐也有三种。　以得到礼乐的调节陶冶为快乐,以称道别人的优点好处为快乐,以多交贤德的友人为快乐,是有益处的。　以骄奢放肆为快乐,以闲佚游荡为快乐,以宴饮纵欲为快乐,是有损害的。"

孔子曰:"侍于君子有三愆①:言未及之而言谓之躁,言及之而不言谓之隐②,未见颜色而言谓之瞽③。"

要点注释

①愆(qiān 千):过失,差错,失误。　②隐:隐瞒,有意缄默。　③瞽(gǔ古):双目失明,盲人。这里比喻不能察言观色,说话不看时机就如盲人一样。

参考译文

孔子说:"侍奉君子容易有三种过失:君子还未说到,你就先说了,叫做急躁;君子已经说到,你还不说,叫做隐瞒;不看别人脸色而贸然说话,叫做瞎子。"

精彩评点

以上这几章,主要讲的是社会交往过程中应当注意的问题。交朋友要结交那些正直、诚信、见闻广博的人,而不要结交那些逢迎谄媚、花言巧语的人,要用礼乐调节自己,多多地称道别人的好处,与君子交往要注意不急躁、不隐瞒等,这些对我们都有一定的参考价值。

孔子曰:"君子有三戒:少之时,血气未定①,戒之在色;及其壮也,血气方刚,戒之在斗;及其老也,血气既衰,戒之在得②。"

要点注释

①未定:未成熟,未固定。 ②得:泛指对于名誉、地位、钱财、女色等的贪欲、贪求。

参考译文

孔子说:"君子有三件事要警惕戒备:年轻时,血气还不成熟,要警惕贪恋女色;到了壮年时,血气正旺盛,要警惕争强好斗;到了老年时,血气已经衰弱,要警惕贪得无厌。"

子曰:"君子有三畏①:畏天命,畏大人②,畏圣人之言。小人不知天命而不畏也,狎大人③,侮圣人之言。"

要点注释

①畏:怕。这里指心存敬畏,敬服。要时时处处注意修身诚己,有敬慎之心。
②大人:在高位的贵族、官僚。 ③狎(xiá 侠):狎侮,轻慢,不尊重。

参考译文

孔子说:"君子有三畏:敬畏天命,敬畏在高位的人,敬畏圣人的话。小人不知天命而不畏,不尊重在上位的人,蔑视圣人的话。"

孔子曰:"生而知之者,上也;学而知之者,次也;困而学之,又其次也;困而不学,民斯为下矣。"

参考译文

孔子说:"生来就有知识,是上等;经过学习而有知识是次一等;遇到困难然后学习,是再次一等;遇到困难还不学习,这样的百姓就是下等了。"

精彩评点

　　孔子虽说有"生而知之者"，但他不承认自己是这种人，也没有见到这种。他说自己是经过学习之后才知道的。他希望人们勤奋好学，不要等遇到困难再去学习。俗话说：书到用时方恨少，就是讲的这个道理。至于遇到困难还不去学习，就不足为训了。

　　孔子曰："君子有九思：视思明，听思聪，色思温，貌思恭，言思忠，事思敬，疑思问，忿思难①，见得思义。"

要点注释

　　①难（nàn 南去声）：这里指发怒可能带来的灾难、留下的后患。

参考译文

　　孔子说："君子在九个方面多用心考虑：看，考虑是否看得清楚；听，考虑是否听得明白；脸色，考虑是否温和；态度，考虑是否庄重恭敬；说话，考虑是否忠诚老实；做事，考虑是否认真谨慎；有疑难，考虑应该询问请教别人；欲发火，考虑是否会产生后患；见到财利，考虑是否合于仁义。"

　　孔子曰："见善如不及，见不善如探汤①。吾见其人矣，吾闻其语矣。隐居以求其志，行义以达其道②。吾闻其语矣，未见其人也。"

要点注释

　　①探汤："汤"，开水，热水。把手伸到滚烫的水里。指要赶紧躲避开。②达：达到，全面贯彻。

参考译文

　　孔子说："看见善的就努力追求，如同怕自己赶不上似的；看见邪恶，如同把手伸进开水要赶快避开。我见过这种人，也听过这种话。以隐居来求得保全自己的志向，以实行仁义来贯彻自己的主张。我听过这种话，没见过这种人。"

　　齐景公有马千驷①，死之日，民无德而称焉。伯夷、叔齐饿于首阳之下②，民到于今称之。（诚不以富，亦只以异。）③其斯之谓与。

要点注释

①**千驷**：古代一辆车套四匹马，驷就是四匹马的统称。千驷就是四千匹马。作为诸侯而有马千驷，在当时是豪侈而越制的。 ②**首阳**：首阳山。又称雷首山，独领山。在今山西省运城（一说永济）县南，为当年伯夷叔齐采薇隐居处。南山有古冢，松柏茂盛，传说即伯夷叔齐的墓。关于伯夷、叔齐，已见前《公冶长篇第五》第二十三章注，可参阅。 ③**"诚不"句**：这两句原在《颜渊篇第十二》第十章中。有人说应加在这里，与后句"其斯之谓与"衔接。姑按前人之说，加括号补入。注详见《颜渊篇第十二》。

参考译文

齐景公有四千匹马，死的时候，人民认为他没有什么美德可称颂。 伯夷、叔齐饿死在首阳山下，但人民到现在还称颂他们。（这实在不是因为富或不富，也只是因为品德行为的不同。）说的就是这个意思吧。

陈亢问于伯鱼曰①："子亦有异闻乎？"对曰："未也。尝独立，鲤趋而过庭②。曰：'学《诗》乎？'对曰：'未也。''不学《诗》无以言。'鲤退而学《诗》。他日，又独立，鲤趋而过庭。曰：'学礼乎？'对曰：'未也。''不学礼，无以立。'鲤退而学礼。闻斯二者。"陈亢退而喜曰："问一得三，闻诗，闻礼，又闻君子之远其子也③。"

要点注释

①**陈亢**：字子禽。参阅《学而篇第一》第十章注。 **伯鱼**：孔子的儿子，名鲤，字伯鱼。 ②**趋**：小步快速而行，以示恭敬。 ③**远**：远离，避开，不亲近。这里指对自己的儿子不偏向，没有偏爱，没有特殊照顾和过分关照。

参考译文

陈亢问伯鱼："您从您父亲那里听到过什么特别不同的教导吗？"伯鱼回答："没有。 有一天，我父亲一个人站在那里，我快步经过庭院。 父亲问：'学过《诗经》吗？'我回答：'没有。'父亲说：'不学《诗经》，在社会交往中就不会说话。'我回去就学《诗经》。 又一天，父亲又一个人站在那里，我快步经过庭院。 父亲问：'学过礼吗？'我回答：'没有。'父亲说：'不学礼，在社会上做人做事便不懂如何立身。'我回去就学礼。 我听到的就是这两次。"陈亢回去高兴地说："问了一件事，却得到三个收获：听到学《诗经》的意义，听到学礼的好处，又了解到君子并不偏向自己的儿子。"

阳货篇第十七

文题背景

本篇共26章。其中著名的文句有:"性相近也,习相远也";"唯上知与下愚不移";"君子有勇而无义为乱,小人有勇而无义为盗";"唯女子与小人为难养也"。这一篇中,介绍了孔子的道德教育思想,孔子对仁的进一步解释,还有关于为父母守丧三年问题,也谈到君子与小人的区别等。

阳货欲见孔子①,孔子不见,归孔子豚②。孔子时其亡也③,而往拜之。遇诸涂④。谓孔子曰:"来! 予与尔言。"曰:"怀其宝而迷其邦⑤,可谓仁乎?"曰:"不可。""好从事而亟失时⑥,可谓知乎⑦?"曰:"不可。""日月逝矣,岁不我与⑧。"孔子曰:"诺,吾将仕矣。"

要点注释

①**阳货**:又名阳虎,杨虎。鲁国季氏的家臣。曾一度掌握了季氏一家的大权,甚而掌握了鲁国的大权,是孔子说的"陪臣执国命"的人物。阳货为了发展自己的势力,极力想拉孔子给他做事。但孔子不愿随附于阳货,故采取设法回避的态度。后阳货因企图消除三桓未成而逃往国外,孔子最终也未仕于阳货。

②**归**:同"馈"。赠送。 **豚**(tún 屯):小猪。这里指蒸熟了的小猪。按照当时的礼节,地位高的人赠送礼物给地位低的人,受赠者如果不在家,没能当面接受,事后应当回拜。因为孔子一直不愿见阳货,阳货就用这种办法,想以礼节来逼迫孔子去回拜。 ③**时**:同"伺",意指窥伺,暗中打听,探听消息。 **亡**:同"无",这里指不在家。 ④**涂**:同"途",途中,半道上。 ⑤**迷其邦**:听任国家迷惑失道,政局动荡不安。 ⑥**亟**(qì 气):副词,屡次。 ⑦**知**:同"智"。 ⑧**岁不我与**:即"岁不与我",年岁不等待我。"与",在一起。这里有等待意。

参考译文

阳货想让孔子去拜见他,孔子不去见,他便赠送给孔子一只蒸熟的小猪。 孔子暗中打听到阳货不在家,才去回拜他。 两人却在途中遇见了。 阳货对孔子说: "过来! 我有话对你说。"孔子近前,阳货说: "自己身怀本领,却听任国家迷惑失道,这样做可以称为仁吗?"孔子说: "不可以。"阳货又说："喜欢参与政事而又屡次错过机会，可以称为智吗?"孔子说："不可以。"阳货又说："时间消逝了，年岁是不等待人的。"孔子说："好吧，我将要去做官了。"

子曰:"性相近也①,习相远也②。"

要点注释

①**性**:人的本性,性情,先天的智力、气质。　②**习相远**:指由于社会影响,所受教育不同,习俗、习气的沾染有别,人的后天的行为习惯会有很大差异。这里孔子是勉励人为学,通过学习提高自己的修养。

参考译文

孔子说："人的本性是相近的，由于环境影响的不同才相距甚远了。"

子曰:"唯上知与下愚不移①。"

要点注释

①**知**:同"智"。　**不移**:不可移易、改变。

参考译文

孔子说："只有最上等的有智慧的人和最下等的愚笨的人是不可改变性情的。

精彩评点

"上知"是指高贵而有智慧的人;"下愚"指卑贱而又愚蠢的人,这两类人是先天所决定的,是不能改变的。这种观念如果用阶级分析的方法去看待,则有其歧视甚至侮辱劳动民众的一面,这是应该予以指出的。

子之武城①,闻弦歌之声。夫子莞尔而笑②,曰:"割鸡焉用牛刀?"子游对曰:"昔者偃也闻诸夫子曰③:'君子学道则爱人,小人学道则易使也。'"子曰:"二三子,偃之言是也。前言戏之耳④。"

要点注释

①**武城**:鲁国的一个小城邑。在今山东省嘉祥县境。一说,指南武城,在今山东省费县西南。公元前554年,鲁襄公筑武城以御齐。另说,即城武县,在今山东省菏泽市西北七十里,有弦歌里。当时,言偃(子游)任武城行政长官。

②莞(wǎn 晚)尔：微笑的样子。　③诸："之于"的合音。　④戏：开玩笑，逗趣。

参考译文

孔子到了武城，听见弹琴唱歌的声音。孔子微笑，说："杀鸡何必用宰牛的刀呢？"子游接过话茬说："过去我听老师说：'在上位的人学了道，就能惠爱百姓；一般老百姓学了道，就容易役使了。'"孔子对随从的弟子说："诸位，言偃说的话是对的。我刚才说的话不过是开玩笑罢了。"

公山弗扰以费畔①，召，子欲往。子路不说，曰："末之也已②，何必公山氏之之也③？"子曰："夫召我者，而岂徒哉？如有用我者，吾其为东周乎④！"

要点注释

①**公山弗扰**：疑即《左传》定公五年、八年、十二年及哀公八年提到的公山不狃(niǔ 扭)。季氏家臣，后据费邑叛季氏，失败后逃亡齐国，又奔吴。**畔**：同"叛"。　②**末之也已**：没有可去的地方就算了。"末"，没有。"之"，去，往。"已"，止，算了。　③**"何必"句**：何必非去公山氏那个地方呢？句中第一个"之"是助词，起把宾语提前的语法作用。第二个"之"是动词，去，往。　④**"吾其"句**：孔子此句意为：将要在东方建立起一个西周式的社会，使文王武王之道重现于东方。关于此章所说孔子拟应公山弗扰之召事，许多学者提出质疑：一，《左传·定公十二年》记公山不狃叛鲁之事，并无召请孔子的记载，且当时孔子正任鲁国司寇，还派兵打败了公山不狃。二，依本章所记，孔子显有"助叛"之嫌，这与孔子的一贯主张不符。史实究竟如何，已不可确考。

参考译文

公山弗扰据费邑叛乱，召请孔子，孔子想去。子路很不高兴，说："没有可去的地方就算了，何必非去公山氏那里呢？"孔子说："召我去的人，难道会让我白去吗？如果有人用我，我就要在东方复兴周王朝之道啊！"

子张问仁于孔子。孔子曰："能行五者于天下，为仁矣。""请问之。"曰："恭，宽，信，敏，惠。恭则不侮，宽则得众，信则人任焉，敏则有功，惠则足以使人。"

参考译文

子张向孔子问怎样做到仁。孔子说："能在天下实行这五项，就是仁了。"子张说："请问哪五项？"孔子说："庄重，宽厚，守信，勤敏，慈惠。 恭敬庄重，就不会受到侮慢；宽厚，就能获得众人拥护；守信，就能得到别人的任用；勤敏，就能取得成功；慈惠，就能更好地役使别人。"

佛肸召①，子欲往。子路曰："昔者由也闻诸夫子曰：'亲于其身为不善者，君子不入也。'佛肸以中牟畔②，子之往也，如之何？"子曰："然，有是言也。不曰坚乎，磨而不磷③；不曰白乎，涅而不缁④？吾岂匏瓜也哉⑤？焉能系而不食？"

要点注释

①佛肸(bì xī **毕西**)：晋国大夫范中行的家臣，是中牟城的行政长官。公元前490年，晋国赵简子攻打范氏，包围中牟，佛肸抵抗。佛肸召请孔子，就在这时(事见《左传·哀公五年》)。 ②中牟：晋国地名，约在今河北省邢台市和邯郸市之间。一说，在今河南省鹤壁市西，古代牟山之侧。 畔：同"叛"。 ③磷(lìn **吝**)：本义是薄石。引申为把石头磨薄，使其受到磨损。 ④涅(niè **聂**)：一种矿物，也叫"皂矾"，古代用作黑色染料。这里用作动词，染黑。 缁(zī **滋**)：黑色。 ⑤匏(páo **袍**)瓜：葫芦的一种，果实比一般葫芦大。老后中空轻于水，可系于腰助人渡河泅水；或可对半剖开，做水瓢舀水用。

参考译文

佛肸召请，孔子想去。 子路说："从前我听老师说过：'亲身做坏事的人那里，君子是不去的。'佛肸据中牟叛乱，您要去，为什么？"孔子说："是的，我说过这话。 但是不是说坚硬的东西，磨也磨不薄吗？不是说洁白的东西，染也染不黑吗？我难道是个匏瓜吗？怎么能只挂在那里而不给人食用呢？"

子曰："由也，女闻六言六蔽矣乎①？"对曰："未也。""居②！吾语女。好仁不好学，其蔽也愚；好知不好学③，其蔽也荡④；好信不好学，其蔽也贼⑤；好直不好学，其蔽也绞⑥；好勇不好学，其蔽也乱；好刚不好学，其蔽也狂。"

要点注释

①女：同"汝"，你。 六言：六个字，即文中的仁、知、信、直、勇、刚等德行的六个方面。 蔽：通"弊"，弊病，害处。 ②居：坐。 ③知：同"智"。 ④荡：放荡不羁。 ⑤贼：害，伤害。这里指容易给自己和亲人带来伤害。 ⑥绞：说话尖酸刻薄，不通情理。

参考译文

孔子说："仲由，你听说过六个字的德行和六种弊病吗？"子路起身回答："没有。"孔子说："坐下！我告诉你。 爱好仁德却不好学习，其弊病是使人变得愚蠢；爱好聪明却不好学习，其弊病是使人放荡；爱好诚实却不好学习，其弊病是伤害自己和亲人；爱好直率却不好学习，其弊病是说话尖刻刺人；爱好勇敢却不好学习，其弊病是容易闹乱子闯祸；爱好刚强却不好学习，其弊病是狂妄。"

子曰："小子何莫学夫《诗》？《诗》可以兴①，可以观②，可以群③，可以怨④；迩之事父⑤，远之事君；多识于鸟兽草木之名。"

要点注释

①兴：本义是兴起，发动。这里指激发人的意志和感情。好的诗歌都是有感而发的，读之可以使人受到感动，而兴发爱憎的感情，在潜移默化中陶冶情操。②观：本义是观察，观看。这是指提高人的观察能力。《诗经》的内容丰富，题材多样，历史上的政治得失、现实生活的状况，乃至各国各地的风俗民情、自然风物等在诗中都有反映。读诗可以丰富知识，从而相应地提高观察能力。 ③群：使合群。诗离不开写人，多读诗就可以更深切地了解人，懂得如何与人相处、相交，培养锻炼人的合群的本领。 ④怨：怨恨。《诗经》中有不少怨刺诗，表达对现实的愤懑，抒发人们心中的不平，讽刺不合理的社会现象。读了以后，可以学会用讽刺的方法，用正当的宣泄，来表达心中怨恨不平的感情。 ⑤迩(ěr耳)：近。

参考译文

孔子说："弟子们何不学习《诗经》呢？《诗经》可以激发人的意志和感情，可以提高观察能力，可以懂得在群中如何处，可以抒发怨恨不平；近处讲可以侍奉父母，远处讲可以侍奉君主；还可以多认识鸟兽草木的名称。"

子谓伯鱼曰："女为《周南》、《召南》矣乎①？人而不为《周南》《召南》，其犹正墙面而立也与②！"

要点注释

①为：本义是做。这里指学习。 周南，召(shào哨)南：《诗经》十五国风中的第一、第二两部分。本为地名，"周南"约在汉水流域东部，今陕西、河南之间直到湖北。"召南"约在汉水流域西部，今河南、湖北之间。这两个地域收集在《诗经》中的民歌，就叫《周南》、《召南》。孔子认为《周南》、《召南》中有许多修身齐家的道理，故提倡学习，并加以重视。 ②"其犹"句："正"，对着。就好像面对着墙壁

站着。比喻被阻挡而无法向前,一物无所见,一步不可行。一说,《周南》、《召南》中的诗,多用于乡乐,是众人合唱的,不用来独诵。如果一个人不会《周南》《召南》,那就得独自保持沉默,虽在合唱的人群之中,也像面对着墙壁而孤立一般。

参考译文

孔子对伯鱼说:"你学了《周南》《召南》了吗?人如果不学《周南》《召南》,就好像面对着墙壁站着而不能再向前行走了啊!"

子曰:"礼云礼云,玉帛云乎哉①?乐云乐云,钟鼓云乎哉②?"

要点注释

①玉帛:指古代举行礼仪时使用的玉器、丝帛等礼器、礼品。 ②钟鼓:古代乐器。朱熹说:"敬而将之以玉帛,则为礼;和而发之以钟鼓,则为乐。"这说明礼乐之可贵在于在百姓中提倡"敬"、"和"。如果只是在形式上摆玉帛、敲钟鼓,而忽略了它的深刻的内容,那就失去了礼乐本来的意义与作用。

参考译文

孔子说:"礼呀礼呀,只是指玉帛之类的礼器吗?乐呀乐呀,只是指钟鼓之类的乐器吗?"

子曰:"色厉而内荏①,譬诸小人,其犹穿窬之盗也与②!"

要点注释

①色厉内荏:外貌似乎刚强威严,而内心却柔弱怯惧。"色",神色,脸色,外表的样子。"荏(rěn 忍)",软弱,怯懦,虚弱。 ②穿:挖,透,破。 窬(yú 鱼):洞,窟窿。从墙上爬过去也叫窬。

参考译文

孔子说:"外表神色严厉而内心怯懦虚弱,以小人来作比喻,就像是挖墙洞爬墙头行窃的盗贼吧!"

子曰:"乡愿①,德之贼也②。"

要点注释

①乡愿:特指当时社会上那种不分是非,同于流俗,言行不一,伪善欺世,处处讨好,谁也不得罪的乡里中以"谨厚老实"为人称道的"老好人"。孔子尖锐

地指出:这种"乡愿",言行不符,实际上是似德非德而乱乎德的人,乃德之"贼"。世人对之不可不辨。而后,孟子更清楚地说明这种人乃是"同乎流俗,合乎污世"的人。虽然表面上看,是个对乡人全不得罪的"好好先生",其实,他抹杀了是非,混淆了善恶,不主持正义,不抵制坏人坏事,全然成为危害道德的人(见《孟子·尽心下》)。"愿",谨厚,老实。②贼:败坏,侵害,危害。

参考译文

孔子说:"所谓不得罪人的好好先生是败坏道德的小人。"

子曰:"道听而涂说①,德之弃也。"

要点注释

①"道听"句:在道上听到的不可靠的传闻,途中又向别人传说。"涂",同"途"。

参考译文

孔子说:"听到传闻不加考证而随意传播,这是背弃了道德。"

精彩评点

道听途说是一种背离道德准则的行为,而这种行为自古以来就存在的。在现实生活中,有些不仅是道听途说,而且四处打听别人的隐私,然后到处传说,以此作为生活的乐趣,实乃卑鄙之小人。

子曰:"鄙夫可与事君也与哉①? 其未得之也,患得之②。既得之,患失之。苟患失之,无所不至矣③。"

要点注释

①鄙夫:鄙陋、庸俗、道德品质恶劣的人。 ②患得之:实际上是"患不能得之"的意思。"患",怕,担心。 ③无所不至:无所不用其极,无所不为。

参考译文

孔子说:"与品德恶劣的人怎么可以一起侍奉君主呢? 他没得到官位、富贵时,总怕得不到。 既得到了,又怕失掉。 假如老怕失掉官位、富贵,那就无论什么事都做得出来了。"

子曰:"古者民有三疾①,今也或是之亡也②。古之狂也肆,令之狂也荡;古之矜也廉③,今之矜也忿戾④;古之愚也直,今之愚也诈而已矣。"

要点注释

①疾:本义是病。这里指性格上的缺点。由于世风日下,今人的缺点毛病也无法同古人的缺点毛病相比了。古人性格上有缺点的尚且朴实可贵,今人则变得更加道德低下,风俗日衰了。 ②亡:同"无"。 ③矜(jīn 金):骄傲,自尊自大。 廉:本义是器物的棱角。这里引申为不可触犯,碰不得,惹不得。 ④忿戾(lì 利):凶恶好争,蛮横无理。

参考译文

孔子说:"古代的百姓有三种毛病,现在,或许连那样的毛病也没有了。 古代狂妄的人不过有些放肆直言,不拘小节,现在狂妄的人却是放荡越礼,毫无顾忌了;古代骄傲的人不过是持守过严,不可触犯他,现在骄傲的人却是愤怨乖戾,蛮横无理了;古代愚笨的人不过头脑有些简单直率,现在愚笨的人却是明目张胆地虚伪欺诈了。"

精彩评点

孔子所处的时代,已经与上古时代有所区别,上古时期人们的"狂"、"矜"、"愚"虽然也是毛病,但并非不能让人接受,而今天人们的这三种毛病都变本加厉。从孔子时代到现在,又过去了两三千年了,这三种毛病不但没有改变,反而有增无减,愈益加重,到了令人无法理喻的地步。这就需要用道德的力量加以惩治。也希望有这三种毛病的人警醒。

子曰:"巧言令色,鲜矣仁①。"

要点注释

①本章与《学而篇第一》第三章重复。可参阅。

参考译文

孔子说:"花言巧语,一副和气善良的脸色,这种人是很少有仁德的。"

子曰:"恶紫之夺朱也①,恶郑声之乱雅乐也,恶利口之覆邦家者。"

要点注释

①恶(wù 务):厌恶,讨厌。 紫之夺朱:"夺",强行取得,取代,顶替。"朱",大红色。古代传统称为正色。紫是红色和蓝色混合而成的颜色,虽与红色接近,然而不是正色而是杂色。但在春秋时期,史载鲁桓公和齐桓公都喜欢

穿紫色衣服，可见那时紫色已取代了朱色的传统地位，连诸侯的衣服都以紫色为正色了。而孔子认为：朱色的光彩与地位不应被紫色所夺去。

参考译文

孔子说："我厌恶用紫色顶替红色，厌恶用郑国的音乐扰乱雅乐，厌恶以巧言善辩的嘴巴来倾覆国家的人。"

子曰："予欲无言。"子贡曰："子如不言，则小子何述焉？"子曰："天何言哉？四时行焉[①]，百物生焉。天何言哉？"

要点注释

①四时：指春、夏、秋、冬四季。

参考译文

孔子说："我不想说话了。"子贡说："您如果不说话，那么弟子们还传述什么呢？"孔子说："天何尝说话呢？四季照样运行不息，各种动植物照样发育生长，天何尝说话呢？"

孺悲欲见孔子[①]，孔子辞以疾。将命者出户[②]，取瑟而歌，使之闻之。

要点注释

①孺悲：鲁国人。鲁哀公曾派孺悲向孔子学习士丧礼。孔子这次为何不愿见孺悲，原因不明。　②将命者：传话的人。

参考译文

孺悲想见孔子，孔子推辞说有病。传话的人出了门，孔子拿过瑟来又弹又唱，故意让孺悲听到。

微子篇第十八

文题背景

本篇共计11章。其中著名的文句有："四体不勤，五谷不分"；"往者不可谏，来者犹可追"。这一篇中有如下内容：孔子的政治思想主张，孔子弟子与老农谈孔子、孔子关于塑造独立人格的思想等。

微子去之①，箕子为之奴②，比干谏而死③。孔子曰："殷有三仁焉！"

要点注释

①微子：名启，采邑在微（今山西省潞城县东北）。微子是纣王的同母兄，但微子出生时其母只是帝乙的妾，后来才立为正妻生了纣，于是纣获得立嗣的正统地位而继承了帝位，微子则封为子爵，成了纣王的卿士。纣王无道，微子屡谏不听，遂隐居荒野。周武王灭殷后，被封于宋。　**去**：离开。　**之**：代词，指殷纣王。　②**箕子**：名胥馀，殷纣王的叔父。他的采邑在箕（在今山西省太谷县东北）。子爵，官太师。曾多次劝说纣王，纣王不听，箕子披发装疯，被纣王拘囚，降为奴隶。周武王灭殷后才被释放。　③**比干**：殷纣王的叔父。官少师，屡次竭力强谏纣王，并表明"主过不谏，非忠也；畏死不言，非勇也；过则谏，不用则死，忠之至也。"纣王大怒，竟说："吾闻圣人之心有七窍，信诸？"（《史记·殷本纪》注引《括地志》）遂将比干剖胸挖心，残忍地杀死。

参考译文

纣王无道，微子离开了纣王，箕子被纣王拘囚降为奴隶，比干屡次劝谏被纣王杀死。　孔子说："殷朝有这三位仁人啊！"

柳下惠为士师①，三黜②。人曰："子未可以去乎③？"曰："直道而事人，焉往而不三黜④？枉道而事人⑤，何必去父母之邦⑥？"

要点注释

①**士师**：古代掌管司法刑狱的官员。　②**三黜（chù 处）**：多次被罢免。"三"，表示多次，不一定只有三次。　③**去**：离开。　④**焉**：代词，表疑问。哪里。往：去。　⑤**枉**：不正。　⑥**父母之邦**：父母所在之国，即本国。

参考译文

柳下惠担任鲁国掌管司法刑狱的官员，多次被免职。　有人说："您不可以离开这个国家吗？"柳下惠说："正直地侍奉人君，到哪一国去不会被多次免职？如果不正直地侍奉人君，何必要离开自己父母所在的国家呢？"

齐景公待孔子曰："若季氏，则吾不能；以季孟之间待之。"曰："吾老矣，不能用也。"孔子行①。

要点注释

①**孔子行**:公元前509年,孔子到齐国,想得到齐景公的重用,结果,有人反对,甚至扬言要杀孔子。齐景公迫于压力,不敢任用,孔子于是离开齐国。

参考译文

齐景公讲到对待孔子的礼节、爵禄说:"若像鲁国国君对待季氏那样来对待孔子,我不能;要用比季孙氏低比孟孙氏高的待遇来对待孔子。"后来齐景公又说:"我老了,不能用他了。"孔子便动身走了。

齐人归女乐①,季桓子受之②,三日不朝,孔子行③。

要点注释

①**归**:同"馈"。赠送。　②**季桓子**:鲁国贵族,姓季孙,名斯,季孙肥(康子)的父亲。从鲁定公时至鲁哀公初年,一直担任鲁国执政的上卿(宰相)。③**孔子行**:《史记·孔子世家》:"定公十四年,孔子为鲁司寇,摄行相事。齐人惧,归(馈)女乐以沮(阻止)之。"孔子看到鲁国君臣这样迷恋女乐,朝政日衰,不足有为,便大大失望而去职离鲁。

参考译文

齐国人赠送了许多歌姬舞女给鲁国,季桓子接受了,三天不上朝。孔子便离开了鲁国。

楚狂接舆歌而过孔子曰①:"凤兮②!凤兮!何德之衰?往者不可谏③,来者犹可追④。已而,已而!今之从政者殆而⑤!"孔子下,欲与之言。趋而辟之⑥,不得与之言。

要点注释

①**接舆**:"接",迎。"舆",车。迎面遇着孔子的车。这里因其事而呼其人为"接舆"。传说乃楚国人,是"躬耕以食"的隐者贤士,用唱歌来批评时政,被世人视为狂人。一说,接舆本姓陆,名通,字接舆。见楚昭王政事无常,乃佯狂不仕,于是被人们看做是楚国的一个疯子。　②**凤**:凤凰。古时传说,世有道则凤鸟见,无道则隐。这里比喻孔子。接舆认为孔子世无道而不能隐,故说"德衰"。　③**谏**:规劝,使改正错误。　④**犹可追**:尚可补救,还来得及改正。　⑤**而**:语助词,相当于"矣"。　⑥**辟**:同"避"。

参考译文

楚国有位狂人接舆，唱着歌经过孔子的车旁，歌里唱道："凤凰呀！凤凰呀！为何道德这么衰微？过去的事不可挽回了，将来的事还来得及改正。算了吧，算了吧！如今从政的人危险啊。"孔子下车，想同他说话。接舆快步避开了，孔子没能同他说话。

长沮、桀溺耦而耕①，孔子过之，使子路问津焉。长沮曰："夫执舆者为谁②？"子路曰："为孔丘。"曰："是鲁孔丘与③？"曰："是也。"曰："是知津矣。"问于桀溺。桀溺曰："子为谁？"曰："为仲由。"曰："是鲁孔丘之徒与？"对曰："然。"曰："滔滔者天下皆是也，而谁以易之？且而与其从辟人之士也④，岂若从辟世之士哉⑤。"耰而不辍⑥。子路行以告。夫子怃然曰⑦："鸟兽不可与同群，吾非斯人之徒与而谁与⑧？天下有道，丘不与易也⑨。"

要点注释

①**长沮，桀溺**："长"，个头高大。"沮(jù句)"，沮洳，泥水润泽之处。"桀"，同"杰"。身材魁梧。"溺"，身浸水中。这是两位在泥水中从事劳动的隐者。长沮、桀溺，都是形容人的形象，不是真实姓名。　**耦(ǒu藕)**：二人合耕，各执一耜(sì四)，左右并发。　②**执舆者**：驾车的人。此指孔子。本来是子路驾车的，因下车问津，所以由孔子代为驾车，孔子便成了"执舆者"。　③**与**：通"欤"。吗。　④**且**：而且。　**而**：同"尔"，你。　**辟人之士**：躲避人的人。指孔子。孔子离开鲁国，到处奔波，躲避与自己志趣不合的人，不同他们合作，故称。"辟"，同"避"。　⑤**辟世之士**：避开整个社会的隐士。　⑥**耰(yōu优)**：古代农具，用来击碎土块和平整土地。这里指用耰翻土去覆盖种子。　**辍(chuò绰)**：停止，中止。　⑦**怃(wǔ午)然**：怅惘失意的样子。　⑧**斯人之徒**：指世上的人们，现实社会的那些从政者，统治者。　⑨**与**：相与，参与。　**易**：变易，改革。

参考译文

长沮、桀溺两人一起耕田，孔子经过那里，让子路去打听渡口。长沮说："那驾车的人是谁？"子路说："是孔丘。"长沮说："是鲁国的孔丘吗？"子路说："是的。"长沮说："那他自己该知道渡口在哪里。"去问桀溺。桀溺说："您是谁？"子路说："是仲由。"桀溺说："是鲁国孔丘的徒弟吗？"子路回答："是的。"桀溺说："世上纷纷乱乱，礼坏乐崩如滔滔的大水弥漫，天下都是这样，你们和谁去改变这种现状呢？而且，你与其跟随躲避人的人，还不如跟随避开整个社会的人呢。"一边说一边不停地用耰翻土覆盖播下的种子。子路回来告诉孔子。孔子怅惘地叹息说："人与鸟兽是不可同群的，我不同世人一起生活又同谁呢？假若天下有道，我孔丘就不参与变革现实的活动了。"

精彩评点

这一章反映了孔子关于社会改革的主观愿望和积极的入世思想。儒家不倡导消极避世的做法，这与道家不同。儒家认为，即使不能齐家治国平天下，也要独善其身，做一个有道德修养的人。孔子就是这样一位身体力行者。所以，他感到自己有一种社会责任心，正因为社会动乱、天下无道，他才与自己的弟子们不知辛苦地四处呼吁，为社会改革而努力，这是一种可贵的忧患意识和历史责任感。

子路从而后，遇丈人①，以杖荷蓧②。子路问曰："子见夫子乎？"丈人曰："四体不勤，五谷不分，孰为夫子？"植其杖而芸③。子路拱而立。止子路宿，杀鸡为黍而食之④，见其二子焉。明日，子路行以告。子曰："隐者也。"使子路反见之⑤，至则行矣。子路曰："不仕无义。长幼之节，不可废也；君臣之义，如之何其废之？欲洁其身，而乱大伦。君子之仕也，行其义也。道之不行，已知之矣。"

要点注释

①丈人：老人。姓名身世不详。一说，楚国叶县人。　②荷(hè 贺)：挑，担，扛。　蓧(diào 掉)：古代一种竹制农具，用以锄草。　③芸：同"耘"，锄草。　④食(sì 四)：拿东西给别人吃。　⑤反：同"返"，返回去。

参考译文

孔子周游列国时子路跟从，有一次落在后面。遇上一位老人，用木杖挑着锄草的农具。子路问："您看见我的老师了吗？"老人说："你们四肢不劳动，五谷分不清，谁知哪个是你老师？"接着把木杖插在地上，就去锄草了。子路拱手站在一旁。老人留子路到他家住宿，杀鸡、做黍米饭给子路吃，并让两个儿子见了子路。第二天，子路赶上了孔子，告诉了这件事。孔子说："这是位隐士。"让子路返回去看老人。子路到了那里，老人已经走了。子路说："不从政做官是不适宜的。长幼之间的礼节不可废弃，君臣之间的名分如何能废弃呢？只想洁身自好，却乱了君臣间大的伦理关系。

君子之所以要从政做官，就是为了实行君臣之义。 至于道之不能行，我们已经知道了。"

逸民①：伯夷、叔齐、虞仲②、夷逸③、朱张④、柳下惠、少连⑤。子曰："不降其志，不辱其身，伯夷、叔齐与！"谓："柳下惠、少连，降志辱身矣，言中伦⑥，行中虑，其斯而已矣。"谓："虞仲、夷逸，隐居放言，身中清，废中权。我则异于是，无可无不可⑦。"

要点注释

①**逸民**：隐退不仕的人，失去政治、经济地位的贵族。 ②**虞仲**：即仲雍，为推辞王位，与兄泰伯一同隐至荆蛮。见《泰伯篇第八》第一章注。一说，是《史记》中吴君周章之弟。 ③**夷逸**：古代隐士。自称是牛，可耕于野，而不忍被诱入庙而为牺牲。 ④**朱张**：字子弓，身世不详。 ⑤**少连**：东夷人，善于守孝，达于礼。 ⑥**中**(zhòng 众)：符合，合于。 ⑦**"无可"句**：意思是说：根据客观实际情况的发展变化而考虑怎样做适宜。得时则驾，随遇而安。《孟子·万章下》说：孔子是"圣之时者也"，"可以速而速，可以久而久，可以处而处，可以仕而仕"。随机应变，见机行事。不一定这样做，也不一定不这样做。

参考译文

逸民的人士有：伯夷、叔齐、虞仲、夷逸、朱张、柳下惠、少连。 孔子说："不贬抑自己的意志，不辱没自己的身份，就是伯夷、叔齐吧！"又说："柳下惠、少连，被迫贬抑自己的意志，辱没自己的身份，但说话合乎伦理，行为深思熟虑，他们只是这样做而已啊。"又说："虞仲、夷逸，过隐居生活，说话放纵无忌，能保持自身清白，废弃官位而合乎权宜变通之道。可是我与这些人不同，没有什么可以，也没有什么不可以。"

子张篇第十九

文题背景

本篇共计25章。其中著名的文句有："士见危致命，见得思义"；"仕而优则学，学而优则仕"；"君子之过也，如犹日月之食焉"；"其生也荣，其死也哀"。本篇中包括的主要内容有：子夏对学与仕关系的评论，曾子对君臣父子关系的论点,子贡对商纣王的批评,以及子贡与他人辩驳孔子伟大之处的对话。

子张曰:"士见危致命^①,见得思义^②,祭思敬,丧思哀,其可已矣^③。"

要 点 注 释

①致命:授命,舍弃生命。　②思:反省,考虑。　③其可已矣:"见危致命,见得思义,祭思敬,丧思哀"这四方面是立身之大节。作为士,如能做到这些,就算可以了。

参 考 译 文

子张说:"作为一个士,遇见国家危难,能献出自己生命;遇见有利可得,能考虑是否合乎义;祭祀时,能想到恭敬严肃;临丧时,能想到悲伤哀痛。这样做就可以了。"

精 彩 评 点

"见危致命,见得思义",这是君子之所为,在需要自己献出生命的时候,他可以毫不犹豫,勇于献身。同样,在有利可得的时候,他往往想到这样做是否符合义的规定。

子张曰:"执德不弘^①,信道不笃,焉能为有? 焉能为亡^②?"

要 点 注 释

①弘:弘扬,发扬光大。一说,"弘"即今之"强"字,坚强,坚定不移(见章炳麟《广论语骈枝》)。　②"焉能"句:意谓无足轻重;有他不为多,无他不为少;有他没他一个样。"亡",同"无"。

参 考 译 文

子张说:"对于道德不能坚守,信仰道义不能忠诚执著,这种人哪能算有? 哪能算无?"

子夏之门人问交于子张。子张曰:"子夏云何?"对曰:"子夏曰:'可者与之,其不可者拒之。'"子张曰:"异乎吾所闻:君子尊贤而容众,嘉善而矜不能^①。我之大贤与^②,于人何所不容? 我之不贤与,人将拒我,如之何其拒人也?"

要 点 注 释

①矜(jīn 金):怜悯,怜恤,同情。　②与:同"欤",语气词。

参考译文

子夏的门人向子张询问交友之道。 子张反问：“子夏是怎样说的？”子夏的门人回答：“子夏说：'可交的就与他交，不可交的就拒绝他。'”子张说：“这和我听说的不同：君子能尊敬贤人，又能容纳众人；能赞美好人，又能怜悯能力差的人。 我如果是很贤明的，对于别人为何不能容纳呢？我如果不贤明，别人将会拒绝我，如何谈得上拒绝别人呢？”

子夏曰：“虽小道①，必有可观者焉，致远恐泥②，是以君子不为也。”

要点注释

①小道：指某一方面的技能，技艺，如古代所谓农，圃，医，卜，乐，百工之类。
②泥（nì 腻）：不通达，留滞，拘泥。

参考译文

子夏说：“虽是小的技艺，也一定有可取之处，但对远大的事业恐有妨碍，所以君子不从事这些小技艺。”

子夏曰：“日知其所亡①，月无忘其所能，可谓好学也已矣。”

要点注释

①亡：同“无”。这里指自己所没有的知识、技能，所不懂的道理等。

参考译文

子夏说：“每天知道一些过去所不知的，每月不忘记已经掌握的，这样可以称为好学的人了。”

精彩评点

子夏并不笼统反对博学强记，因为人类知识中的很多内容都需要认真记忆，不断巩固，并且在原有知识的基础上再接受新的知识。这一点，对我们今天的教育也有某种借鉴作用。

子夏曰：“博学而笃志，切问而近思，仁在其中矣。”

参考译文

子夏说：“广博地学习钻研，坚定自己的志向，恳切地提问，多考虑当前的事，仁德就在其中了。"

精彩评点

这里又提到教育方法问题，"博学而笃志"即"博学而强记"。

子夏曰："百工居肆以成其事①，君子学以致其道。"

要点注释

①肆：古代制造物品的场所。如官府营造器物的地方，手工业作坊。陈列商品的店铺，也叫肆。

参考译文

子夏说："各行业的工匠要整天在作坊里完成自己分内的工作，君子要终身学习达到实现道的目的。"

子夏曰："小人之过也必文。"

参考译文

子夏说："小人对过错必定掩饰。"

子夏曰："君子有三变：望之俨然，即之也温，听其言也厉。"

参考译文

子夏说："君子的态度让你感到有三种变化：远看外表庄严可畏，接近他温和可亲，听他说的话严正精确。"

子夏曰："君子信而后劳其民①；未信，则以为厉己也②。信而后谏；未信，则以为谤己也。"

要点注释

①劳：指役使，让百姓去服劳役。 ②厉：虐待，折磨，坑害。

参考译文

子夏说："君子要先取得百姓的信任，而后再役使他们；如果不信任，百姓就会以为是虐待自己。 要先取得君主信任，而后去劝谏；如果不信任，君主就会以为是诽谤自己。"

子夏曰:"大德不逾闲①,小德出入可也。"

要点注释

①**大德**:与下"小德"相对,犹言大节。小德即小节。一般认为,大德指纲常伦理方面的节操。小德指日常的生活作风,礼貌,仪表,待人接物,言语文词等。 **逾**:超越,越过。 **闲**:本义是阑,栅栏。引申为限制,界限,法度。

参考译文

子夏说:"在德操大节上不要超过界限,在细微小节上有点出入是可以的。"

精彩评点

这一章提出了大节小节的问题。儒家向来认为,作为有君子人格的人,他应当顾全大局,而不在细微末节上斤斤计较。

子游曰:"子夏之门人小子,当洒扫应对进退,则可矣,抑末也①。本之则无,如之何?"子夏闻之,曰:"噫! 言游过矣! 君子之道②,孰先传焉? 孰后倦焉③? 譬诸草木,区以别矣。君子之道,焉可诬也? 有始有卒者,其惟圣人乎!"

要点注释

①**抑**:抑或,或许。 **末**:非根本的方面,末节。 ②**君子之道**:指君子的立身之道。与"本"有密切联系,故《论语》有"君子务本,本立而道生"的话。 ③**"孰先"句**:句中"倦"字,当是"传"字之误。一说,"倦"字不误,意思是:君子之道,传于人,宜有先后,非以其"末"为先而传之,非以其"本"为后而倦教,非专传其宜先者,而倦传其宜后者。

参考译文

子游说:"子夏的门人,做些洒水扫地接待迎送的事是可以的,但这不过是末节。 根本的东西却没有学到,怎么可以呢?"子夏听了这些话,说:"唉! 子游错了! 君子之道,哪些先传授,哪些后传授呢? 道比之于草木,各种各类是有区别的。 君子之道,怎么可以诬蔑歪曲呢? 能够有始有终按次序教授弟子的,大概只有圣人吧!"

子夏曰:"仕而优则学①,学而优则仕。"

要点注释

①优:优秀,优良。一说,"优",充足,富裕。指人有余力。此章的意思则是:做了官的首先是为国为民尽职尽责,有余力,便应学习(资其仕者益深);为学的首先是明道修德掌握知识技能,有余力,则可做官(验其学者益广)。

参考译文

子夏说:"做官要做得好就应该学习;学习好了才可以做官。"

精彩评点

子夏的这段话集中概括了孔子的教育方针和办学目的。做官之余,还有精力和时间,那他就可以去学习礼乐等治国安邦的知识;学习之余,还有精力和时间,他就可以去做官从政。同时,本章又一次谈到"学"与"仕"的关系问题。

子游曰:"丧致乎哀而止①。"

要点注释

①"丧致乎"句:这句话包含两层含意:一,居丧尚有悲哀之情,而不尚繁礼文饰。二,既已哀,则当止,不当过哀以至毁身灭性。"丧",指在直系亲长丧期之中。

参考译文

子游说:"居丧,充分体现出悲哀之情就可以了。"

子游曰:"吾友张也为难能也①,然而未仁。"

要点注释

①张:即颛孙师,字子张。朱熹说:"子张行过高,而少诚实恻怛之意。"才高意广,人所难能,而心驰于外,不能全其心德,未得为仁。

参考译文

子游说:"我的朋友子张,是难能可贵的人物,然而还没达到仁。"

曾子曰:"堂堂乎张也①,难与并为仁矣。"

要点注释

①堂堂:形容仪表壮伟,气派十足。据说子张外有余而内不足,他的为人重

在"言语形貌"，不重在"正心诚意"，故人不能助他为仁，他也不能助人为仁。

参考译文

曾子说："仪表伟岸的子张啊，别人却很难同他一起做到仁。"

曾子曰："吾闻诸夫子，人未有自致者也①，必也亲丧乎！"

要点注释

①致：极，尽。这里指充分表露和发泄内心全部的真实感情。父母之丧，哀痛迫切之情，不待人勉而自尽其极。

参考译文

曾子说："我听老师说过，人没有自动充分表露内心真情的，若有必定是父母去世吧！"

曾子曰："吾闻诸夫子：孟庄子之孝也①，其他可能也，其不改父之臣与父之政，是难能也。"

要点注释

①孟庄子：鲁国大夫孟孙速。其父是孟孙蔑（孟献子），品德好，有贤名。

参考译文

曾子说："我听老师说过：孟庄子行孝，其他方面别的人都能做到，不更换父亲的旧臣，不改变父亲的政治措施，那是别人难以做到的。"

孟氏使阳肤为士师①。问于曾子。曾子曰："上失其道，民散久矣。如得其情，则哀矜而勿喜②！"

要点注释

①阳肤：相传是曾参七名弟子中的一名。武城人。　②矜：怜悯，怜惜，同情。

参考译文

孟孙氏任命阳肤为司法刑狱长官。阳肤请教于曾子。曾子说："当政的人失去正道，百姓离心离德已久了。如果了解了百姓因受苦、冤屈而犯法的实情，应当同情怜悯他们，而不要自以为明察而沾沾自喜。"

子贡曰:"纣之不善①,不如是之甚也②。是以君子恶居下流③,天下之恶皆归焉④。"

要点注释

①纣:名辛,史称"帝辛","纣"是谥号(按照谥法,残忍不义称为"纣")。商朝最后一个君主,是历史上有名的暴君。据史料看,纣有文武才能,对东方的开发,对文化的发展和中国的统一,都曾有过贡献。但他宠爱妲己,贪酒好色,刚愎自用,拒纳忠言。制定残酷的刑法,压制人民。又大兴土木,无休止地役使人民。后周武王会合西南各族向纣进攻,牧野(今河南淇县西南)一战,纣兵败,逃入城内,引火自焚而死。殷遂灭。 ②是:代词。指人们传说的那样。 ③恶(wù 务):讨厌,憎恨,憎恶。 下流:地势卑下处。这里指由高位而降至低位。④恶(è 饿):坏事,罪恶。子贡说这番话的意思,当然不是为纣王去辩解开脱,而是要提醒世人(尤其是当权者),应当经常自我警戒反省,在台上的时候律己要严。否则一旦失势,置身"下流",天下的"恶名"将集于一身而遗臭万年。

参考译文

子贡说: "殷纣王的不善,不如传说的那样严重。 因此,君子非常憎恶身有污行,一旦沾有污行天下的一切坏事坏名都会归到他的头上来。"

子贡曰:"君子之过也,如日月之食焉①;过也,人皆见之;更也②,人皆仰之。"

要点注释

①食:同"蚀"。 ②更:变更,更改。

参考译文

子贡说: "君子的过错,如同日蚀月蚀:过错,人们都看得见;更改,人们都敬仰他。"

尧曰篇第二十

文题背景

本篇共3章。著名的文句有:"君子惠而不费,劳而不怨,欲而不贪,泰而不骄,威而不猛";"宽则得众,信则民任";"兴灭国,继绝世,举逸民"等。这一篇中,主要谈到尧禅让帝位给舜,舜禅让帝位给禹,即所谓三代的善政和孔子关于治理国家事务的基本要求。

尧曰①:"咨②!尔舜③,天之历数在尔躬④,允执其中⑤。四海困穷,天禄永终。"舜亦以命禹⑥。曰:"予小子履敢用玄牡⑦,敢昭告于皇皇后帝⑧:有罪不敢赦。帝臣不蔽⑨,简在帝心⑩。朕躬有罪⑪,无以万方;万方有罪,罪在朕躬。"周有大赉⑫,善人是富。"虽有周亲,不如仁人。百姓有过,在予一人⑬。"谨权量⑭,审法度⑮,修废官,四方之政行焉。兴灭国,继绝世,举逸民,天下之民归心焉。所重:民,食,丧,祭。宽则得众,信则民任焉⑯,敏则有功,公则说⑰。

要点注释

①**尧**:传说中新石器时代我国父系氏族社会后期的部落联盟的领袖。他把君位禅(shàn 善)让给舜。史称"唐尧"。后被尊称为"圣君"。参阅《泰伯篇第八》第二十章注。　②**咨**(zī 资):感叹词。犹"啧啧",咂嘴表示赞叹、赞美。③**舜**:传说中受尧禅位的君主。后来,他又把君位禅让给禹。传说他眼睛有两个瞳仁,又名"重华"。参阅《泰伯篇第八》第二十章注。　④**天之历数**:天命。这里指帝王更替的一定次序。古代帝王常常假托天命,都说自己能当帝王是由天命所决定的。　⑤**允**:诚信,公平。　**执**:掌握,保持,执守。　**中**:正,不偏不倚,不"过"也无"不及"。　⑥**"舜亦"句**:"禹",传说中受舜禅位的君主。姒(sì 四)姓,亦称"大禹"、"夏禹"、"戎禹",以治水名闻天下。关于舜禅位时嘱咐大禹的话,可参阅《尚书·大禹谟》。　⑦**予小子履**:商汤自称。"予",我。"小子",祭天地时自称,表示自己是天帝的儿子(天之子,天子)。"履",商汤的名字。商汤,历史上又称武汤,武王,天乙,成汤(或成唐),也称高祖乙。他原为商族领袖,任用伊尹执政,积聚力量,陆续攻灭邻近各小国,最后一举灭夏桀,建立了商朝,是孔子所说的"贤王"。　**敢**:谦辞,犹言"冒昧"。含虔诚意。　**玄牡**:"玄",黑色。"牡",公牛。宰杀后作祭祀用的牺牲品。按此段文字又见《尚书·汤诰》,文字略有不同,可参阅。　⑧**皇皇**:大,伟大。　**后帝**:"后",指君主。古代天子和诸侯都称"后",到了后世,才称帝王的正妻为后。"帝",古代指最高的天神。这里"后"和"帝"是同一个概念,指天帝。　⑨**帝臣**:天下的一切贤人都是天帝之臣。　⑩**简**:本义是检阅,检查。这里有知道,明白,清楚了解的意思。　⑪**朕**(zhèn 振):我。古人不论地位尊卑都自称朕。从秦始皇起,才成为帝王专用的至尊的自称。　⑫**大赉**(lài 赖):大发赏赐。奖赏百官,分封土地。⑬**"虽有"句**:"周",至,最。"百姓",这里指各族各姓受封的贵族。传说商末就有八百个诸侯。此句又见《尚书·泰誓》,文字略有不同,可参阅。　⑭**权**:秤

锤。指计重量的标准。　**量**：量器。指计容积的标准。　⑮**法度**：指计量长度的标准。　⑯**"信则"句**："民"，疑当作"人"，他人，别人。"任"，任用。诚实守信就会得到他人任用。一说，"民"，百姓。"任"，信任。诚恳守信，就会得到百姓信任。另说，汉代石经等一些版本无此五字，乃《阳货篇第十七》第六章文字而误增于此。　⑰**说**：同"悦"。高兴。本章文字，前后不连贯，疑有脱漏。风格也不同。前半章文字古奥，可能是《论语》的编订者引自当时可见的古代文献。从"谨权量"以下，大多数学者认为可能就是孔子所说的话了。

参考译文

　　尧说："啧啧！舜啊！按照天意所定的继承顺序，帝位就在你身上了，你要诚实恰当地保持执守中正之道。　如果你执行有偏差天下百姓陷于贫困，那么上天赐给你的禄位就会永远终止了。"舜也是用这些话嘱咐了禹。　商汤说："我小子履，大胆虔诚地用黑色的公牛来祭祀，冒昧地向光明而伟大的天帝祷告：对有罪的人，我不敢擅自赦免。　您的臣仆的善恶，我也不敢隐瞒掩盖，对此您心里是清楚知道的。　如果我自身有罪过，请不要责怪连累天下万方；天下万方如果有罪过，罪过都应归在我身上。"周朝初年大发赏赐分封诸侯，善人都得到富贵。　周武王说："虽有至亲，却不如有仁德的人。百姓如有过错，都应该由我一人来承担。"孔子常说：谨慎地制定审查度量衡，恢复被废弃的官职与机构，天下四方的政令就通行了。　复兴灭亡了的国家，接续断绝了的世族，推举起用前代被遗落的德才之士，天下民心就归服了。　国家所要重视的是：人民，粮食，丧葬，祭祀。　做人宽厚，就会得到众人的拥护；诚实守信用，就会得到别人的任用；做事勤敏，就会取得成功；处事公平，就会使大家高兴。

　　子张问于孔子曰："何如斯可以从政矣①？"子曰："尊五美，屏四恶②，斯可以从政矣。"子张曰："何谓五美？"子曰："君子惠而不费，劳而不怨，欲而不贪③，泰而不骄，威而不猛。"子张曰："何谓惠而不费？"子曰："因民之所利而利之，斯不亦惠而不费乎？择可劳而劳之，又谁怨？欲仁而得仁，又焉贪？君子无众寡，无小大，无敢慢，斯不亦泰而不骄乎？君子正其衣冠，尊其瞻视，俨然人望而畏之，斯不亦威而不猛乎？"子张曰："何谓四恶？"子曰："不教而杀谓之虐；不戒视成谓之暴；慢令致期谓之贼；犹之与人也，出纳之吝谓之有司④。"

要点注释

　　①**斯**：就。　②**屏**（**bīng 丙**）：通"摒"。除去，排除，摈弃。　③**欲而不贪**：

指其欲在实行仁义,而不在贪图财利。皇侃《论语义疏》:"欲仁义者为廉,欲财色者为贪。" ④**有司**:本为官吏的统称。这里指库吏之类的小官,他们在财物出入时都要精确算计。从政的人如果这样,就显得吝啬刻薄而小家子气了。

参考译文

子张问孔子:"如何就可以从政呢?"孔子说:"要尊崇五种美德,摒除四种恶政,就可以从政了。"子张说:"什么叫五种美德?"孔子说:"君子使百姓得到好处,自己却无所耗费;安排劳役,百姓却不怨恨;希望实行仁义,而不贪图财利;神情安舒矜持,而不骄傲放肆;态度庄重威严,而不凶猛。"子张说:"怎样能使百姓得到好处,自己却无所耗费呢?"孔子说:"顺着百姓所能得到利益之处而让百姓去获得利益,不就是使百姓得到好处而自己却无所耗费吗?选择百姓能干得了的劳役让他去干,谁还怨恨呢?希望实行仁义而得到了仁义,还贪求什么财利呢?君子无论人多人少,势力大势力小,都不敢轻慢,这不就是安舒矜持而不骄傲放肆吗?君子衣冠端正整齐,目光神色都郑重严肃,使人望而敬畏,这不就是庄重威严而不凶猛吗?"子张说:"什么叫四种恶政?"孔子说:"事先不进行教育,犯了错就杀,这叫虐;事先不告诫不打招呼,而要求马上做事成功,这叫暴;很晚才下达命令,却要求限期完成,这叫贼;同样是给人东西,拿出手时显得很吝啬,这叫有小家子气司。"

孔子曰:"不知命①,无以为君子也;不知礼,无以立也;不知言,无以知人也。"

要点注释

①**命**:命运,天命。儒家以为人在一生中的吉凶、祸福、生死、贫富、利害都是上天所主宰,都是与生俱来而命中注定的;人对之无可奈何无力改变。这是唯心主义的一种哲学观点。不过,孔子所说的"知命",也包含一些有积极意义的内涵,如提倡要面对现实,识时务;要了解与顺应客观事物发展规律而不应与之违背;要明确人生的道义与职责等。

参考译文

孔子说:"不懂天命,就无法做君子;不懂礼,就无法立足于社会;不懂分析辨别别人的言论,就无法了解认识他人。"